环游世界
欧洲和非洲

中国地图出版社 ◎ 编著

中国地图出版社
·北京·

图书在版编目（CIP）数据

环游世界．欧洲和非洲 / 中国地图出版社编著．--北京：中国地图出版社，2024.11
ISBN 978-7-5204-3924-4

Ⅰ．①环… Ⅱ．①中… Ⅲ．①地理－欧洲－普及读物 ②地理－非洲－普及读物 Ⅳ．① K91-49

中国国家版本馆 CIP 数据核字 (2024) 第 009863 号

HUANYOU SHIJIE: OUZHOU HE FEIZHOU
环游世界：欧洲和非洲

出版发行	中国地图出版社	邮政编码	100054
社　　址	北京市西城区白纸坊西街 3 号	网　　址	www.sinomaps.com
电　　话	010-83490076　83495213	经　　销	新华书店
印　　刷	保定市铭泰达印刷有限公司	印　张	7
成品规格	165mm×225mm		
版　　次	2024 年 11 月第 1 版	印　次	2024 年 11 月河北第 1 次印刷
定　　价	29.80 元		
书　　号	ISBN 978-7-5204-3924-4		
审图号	GS 京（2024）0299 号		

策　　划：孙　水
责任编辑：朱晓晓
封面设计：徐　莹
图片提供：视觉中国

图例

● 莫斯科	外国首都	〰	海岸线
○ 圣彼得堡	其他城镇		时令河 时令湖
⊢－⊢	洲界	▲ 5895(米)	山峰及高程
未定	国界	▪	火山
	河流		沙漠
	运河		沼泽
	湖泊		

目 录

欧洲概况

① 欧洲在哪里 　　　　　　　　　　　　　／ 2
② 海拔最低的大洲 　　　　　　　　　　　／ 7
③ 欧洲西部的冬季不太冷 　　　　　　　　／ 10
④ 发达的内河航运 　　　　　　　　　　　／ 14

【专题1】阿尔卑斯山脉 　　　　　　　　　／ 17

欧洲西部

⑤ 德国：工业强国 　　　　　　　　　　　／ 22
⑥ 荷兰：风车王国 　　　　　　　　　　　／ 27
⑦ 法国：浪漫之国 　　　　　　　　　　　／ 30
⑧ 英国：联合王国 　　　　　　　　　　　／ 35
⑨ 挪威：峡湾王国 　　　　　　　　　　　／ 40
⑩ 冰岛：冰与火之国 　　　　　　　　　　／ 45

欧洲东部

⑪ 俄罗斯：世界上面积最大的国家　　　　　/ 52
⑫ 乌克兰：欧洲粮仓　　　　　　　　　　　/ 57

非洲概况

⑬ 非洲：高原大陆　　　　　　　　　　　　/ 62
⑭ 灼热之地　　　　　　　　　　　　　　　/ 67

北非

⑮ 撒哈拉沙漠：死亡之海　　　　　　　　　/ 72
⑯ 埃及：女神的馈赠　　　　　　　　　　　/ 78
【专题2】金字塔的未解之谜　　　　　　　　/ 86

撒哈拉以南非洲

⑰ 东非高原：赤道观景台　　　　　　　　　/ 92
⑱ 南非：彩虹之国　　　　　　　　　　　　/ 100

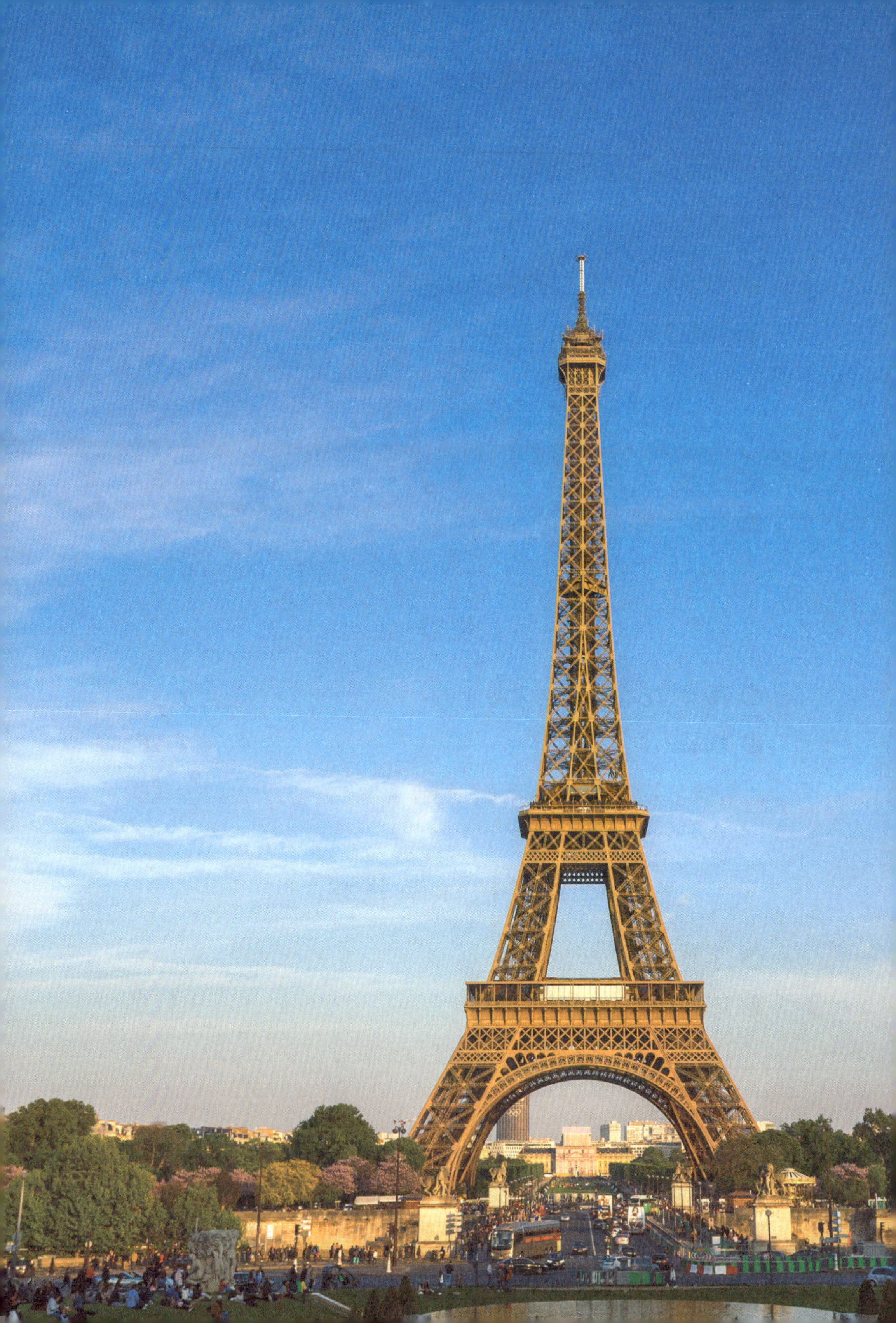

欧洲概况

1 欧洲在哪里

多瑙河沿岸悠久的历史文化，
蓝色地中海沿岸的夏日阳光，
多彩的欧洲令人沉醉！

也许你没有去过欧洲，但你一定读过有关白雪公主的童话故事，看过莎士比亚的戏剧片段，听过"条条道路通罗马"的谚语。那你知道欧洲在哪里吗？你知道欧洲距离你的家乡有多远吗？

欧洲在哪里

欧洲在哪里呢？

欧洲地处亚欧大陆西部，位于中高纬度地区，大陆轮廓支离破碎，海岸线曲折。欧洲北面濒临北冰洋，西面濒临大西洋，南面则隔地中海与非洲相望，东面与亚洲相连。

那亚洲与欧洲的分界线又在哪里呢？亚洲与欧洲的分界线大致为乌拉尔山脉—乌拉尔河—里海—大高加索山脉—黑海—土耳其海峡一线。

西汉时期张骞出使西域，开辟了内地通往西域的道路，促进了东西方经济文化的交流。商人们载着汉朝的丝绸等货物从长安穿过河西走廊，经西域运往中亚、西亚，再转运至更远的欧洲。

多彩的欧洲

三面临海的地理位置造就了欧洲复杂多样的海岸风光。

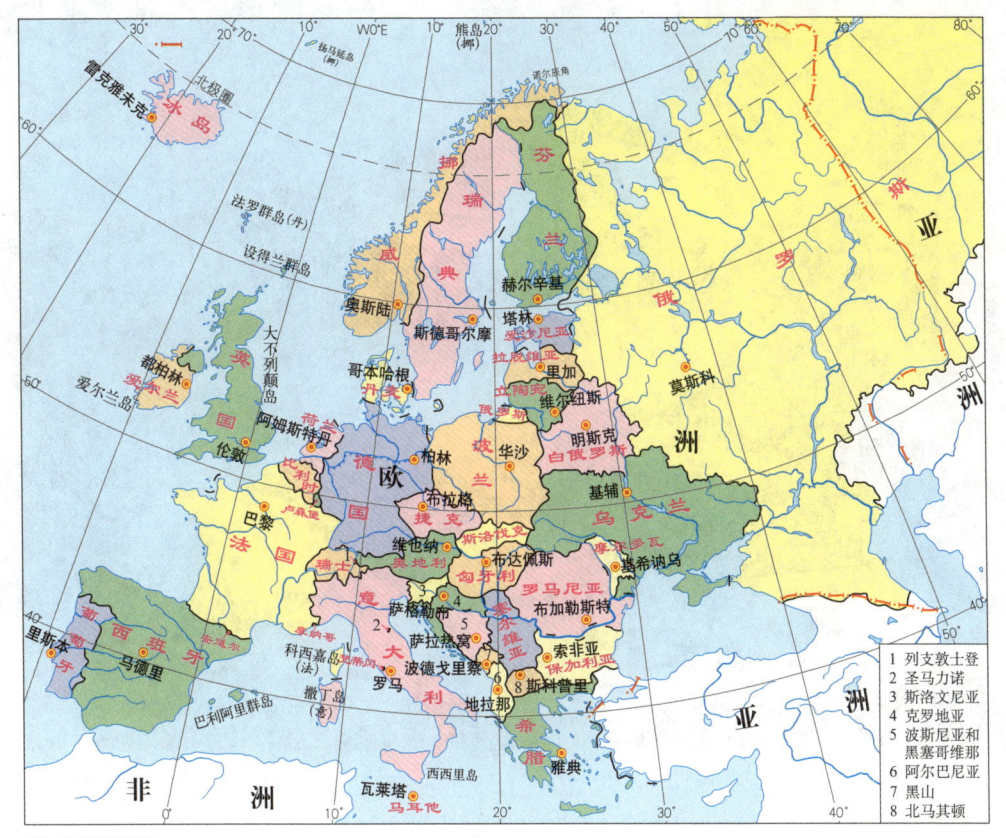

▲ 欧洲简图

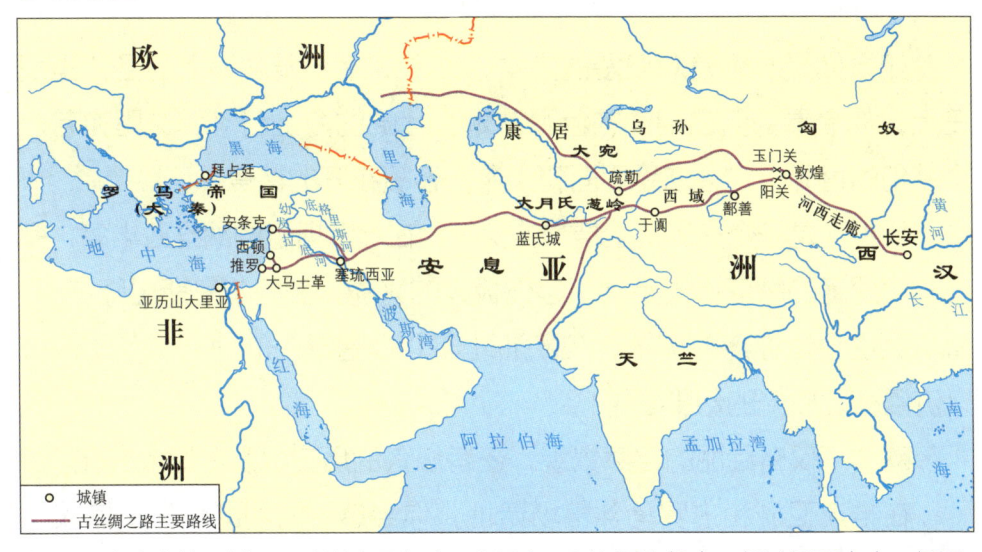

▲ 西汉张骞出使西域，开辟以中国长安（今西安）和洛阳为起点，经过河西走廊、新疆，到达中亚与西亚，连接欧洲的陆上通道。

欧洲概况

△ 雅典卫城，位于雅典市中心的卫城山丘上，意为"高丘上的城邦"。雅典卫城被称为希腊最杰出的古建筑群，其中最著名的建筑是帕提侬神庙。

　　如果你是一个喜欢浪漫的少女，在欧洲南部爱琴海上的圣托里尼岛上，你会看到蓝白相间的色彩艺术、壮阔的海上日落。这里宛若一个梦幻的世界，你会感受到面朝大海、春暖花开的诗意。

　　如果你是一个充满冒险精神的少年，在北欧斯堪的纳维亚半岛，挪威陡峭深邃的峡湾风光定会引起你极大的兴趣。到阿尔卑斯山脉徒步、滑雪，也会让你热血沸腾。在欧洲北部北极圈以内的地方，冬季你可以沉浸在北极光的幻影之中！

　　欧洲不仅有壮丽的自然景观，还有悠久的历史以及深厚的文化。

　　在雅典卫城和古罗马斗兽场遗址，你会感慨时间的永恒，惊叹于欧洲古典建筑之美；在西班牙的奔牛节，与愤怒的公牛和热闹的人群在街头一起狂奔，你能感受到节日的热闹氛围；横渡英吉利海峡到雾都伦敦，你可以在泰晤士河畔感受英国文化……

繁荣的欧洲

欧洲面积为 1000 多万平方千米，只比中国稍大一点，却有 40 多个国家和地区。欧洲大多数国家面积狭小，有时开车几十分钟就可以从一个国家到另一个国家。这些看起来面积不大的欧洲国家，经济却十分发达。

欧洲西部是世界上工业最发达的地区之一。欧洲工业技术水平高，工业产品出口到世界各地，我们日常生活中的电器、家用汽车等很多产品均产自欧洲。

△ 荷兰自动化玻璃温室大棚，这里冬季有燃气加温设备，夏季有自然通风系统和高压喷雾系统，用以调节室内的温度及湿度，这里还可以进行自动化的精准施肥。

欧洲概况

欧洲经济发达，劳动力价格较高，因此农业生产自动化水平较高。荷兰人可以依靠先进的全自动化玻璃温室大棚技术，种植原产于美洲的西红柿。

欧洲独特的自然风光和悠久的人文景观促进了旅游业的发展，为了方便外国游客到欧洲旅游，欧洲部分国家签署申根签证政策，外国游客只需要获得任一申根国签证便可前往所有申根国旅游。此外，欧洲国家中有很多国家使用统一的货币——欧元，这也极大地方便了来自全球各地的旅行者。

看到这里，你是否迫不及待地想开启一趟欧洲之旅呢？

② 海拔最低的大洲

地形平坦的欧洲，
不仅有广阔的平原，
还有险峻的山脉。

⊕ 平原广布

欧洲地势低平，平均海拔仅为300米。全境约2/3的陆地为平原。与中国平坦的华北平原不同的是，欧洲的平原多呈现波状起伏的特征。

▲ 欧洲地形图

这是为什么呢?

这是冰川作用的结果。欧洲地处中高纬度地区,在第四纪冰期,欧洲广阔的平原多被冰川覆盖,在冰川的侵蚀和堆积作用下,形成了波状起伏的平原。

其中,东欧平原面积近 400 万平方千米,是世界第二大平原,面积仅次于亚马孙平原。

独特的海岸地貌和险峻的山脉

欧洲除了广阔的平原,还有独特的海岸地貌和险峻的山脉。

斯堪的纳维亚半岛位于欧洲西北部,是欧洲最大的半岛,以峡湾地貌闻名于世。斯堪的纳维亚山脉纵贯半岛的中西部。在第四纪冰期,大量冰川从山上顺地势下滑,在滑入大西洋的过程中对地表进行了刨蚀,在斯堪的纳维亚半岛的西侧形成了锯齿状的峡湾地貌。

◀ 挪威霍达兰郡欧达小镇峡湾地貌。图中此处岩体因伸出山崖形似舌头,被称为"巨人之舌"。

⬆ 意大利北部多洛米蒂山是阿尔卑斯山脉的组成部分。图为多洛米蒂山。

地质历史时期，非洲板块和亚欧板块碰撞挤压，地壳抬升隆起形成阿尔卑斯山脉。它横贯欧洲中南部，以天险之姿俯瞰西欧平原。阿尔卑斯山脉呈弧形，沿东西向延伸，山势雄伟险峻，平均海拔3000米左右，山顶有冰川分布。莱茵河、多瑙河等河流均发源于此。

欧洲海岸线曲折，蜿蜒交错的海岸线使得欧洲多内海、海峡、半岛和岛屿。曲折的海岸线为轮船的停泊提供了避风港，因而形成了许多优良的港口。

③ 欧洲西部的冬季不太冷

大西洋温暖的气流，
驱散了欧洲西部的寒冬，
孕育了湿润的大牧场。

海洋性气候显著

受北大西洋暖流的影响，欧洲西部以温和湿润的海洋性气候为主。这里全年气候温和，降水季节分配较均匀。

△ 在大西洋沿岸的葡萄牙某地海边

温暖湿润的气流从大西洋中来，深入到大陆内部。

盛行西风为海洋性气候延伸至内陆提供了动力。欧洲西部地处盛行西风带，西风将来自大西洋的温暖湿润的气流输送到距海较远的内陆地区。

曲折的海岸线和低平的地势为温暖湿润的气流的深入创造了条件。欧洲西部大陆轮廓破碎，平原广布，且山脉多为东西走向，对西风的阻挡作用小。强劲的西风便可长驱直入，无论是大西洋沿岸附近，还是东欧平原，都受到大西洋暖湿气流的影响。

此外，北大西洋暖流的经过，对沿岸地区起到了增加湿度和温度的作用。因而，欧洲西部虽然地处中高纬度，但冬季依然温和多雨。

大牧场

温带海洋性气候冬暖夏凉，舒适的气候非常适合人类居住，因而

▲ 欧洲西部的牧场

欧洲西部人口稠密。但是，湿润的海洋性气候使得阴雨天频繁，光照不足，对谷物生长十分不利。

　　幸运的是，这种气候非常适合多汁牧草的生长。温暖湿润的气候和面积广大的平原为优良牧场的发展创造了条件，这也使欧洲西部成为世界上乳畜业最发达的地区之一。我们在超市选购的进口奶粉中，有很多品牌来自欧洲西部。

　　大牧场的发展也改变了欧洲人的饮食习惯。牛奶和牛羊肉成了欧洲人餐桌上主要的食物。

地中海气候的影响

　　欧洲西部并不只有温带海洋性气候。在地中海沿岸地区，分布着典型的地中海气候。

△ 夏季，在地中海沿岸的阳光沙滩上，尽情享受阳光浴的游客

与阴雨连绵的海洋性气候不同，地中海气候夏季炎热干燥，冬季温和多雨。明媚的阳光是地中海的夏日名片。阳光洒满了整个地中海夏季海滩，其中地中海沿岸的阳光沙滩是欧洲很受欢迎的度假胜地。

人们在地中海气候区享受夏季明媚的阳光之时，植物却要想办法熬过缺水的夏天。地中海气候区的植被通常叶片小而厚，小面积叶片可以有效地减少水分的蒸发，厚厚的叶片则可以在夏季储存更多的水分。

地中海气候区光照充足，十分利于耐旱水果的种植，橄榄和葡萄都是当地的重要水果。此外，由于光照时间长，鲜花生长旺盛，故而地中海地区也是欧洲著名的鲜花产地。在地中海地区，房屋的阳台和门口，总是摆满了各色的鲜花。

◆ 产于地中海气候区的橄榄树，叶片小而厚，其果实是橄榄油的生产原料。

◆ 在地中海地区，房屋的阳台和门口总是摆满鲜花。

欧洲概况

④ 发达的内河航运

大江大河，
往往造就伟大的城市。
一条优良的河运航道，
更是通江达海的交通要道。

⊕ 欧洲大动脉

莱茵河是世界上最繁忙的内河航道，是欧洲的交通大动脉。在航空运输和陆路运输高度发达的今天，莱茵河的航运依旧繁忙。

莱茵河是西欧著名的"黄金水道"。它发源于阿尔卑斯山脉，自东南向西北流，全长约1320千米，流经奥地利、法国和德国等国家，最后在荷兰鹿特丹附近注入北海。莱茵河通航里程超过800千米，其中有约700千米的河道可通行万吨轮船。

莱茵河并不能排进世界前十大河流名单，为何航运却如此发达？

平坦的地形使得莱茵河的水流十分平稳，利于轮船通行。

湿润的温带海洋性气候也起到了关键作用。莱茵河流经地区降水量较大，河流径流量较大，更重要的是降水季节分配均匀，水位的季节变化较小，船只航行不会受水位深浅变化的影响。由于温带海洋性气候较为温暖，冬季河流不结冰，这里四季均可以通航。

河流的航运除了需要优越的自然条件，还与社会经济条件密不可分。例如亚马孙河自然条件优越，适宜航运，但由于流经区域的人口、

▲ 莱茵河风光

城镇稀少，内河航运并不发达。

而莱茵河流经的地区，人口稠密，城市众多，经济发达，客流运输和货物运输需求大，这些自然和社会经济条件共同促进了莱茵河航运业的发展。

人工运河

在欧洲西部，各国通过修建人工运河，把不同地区的河流连接起来，江河湖海自此相通，欧洲西部就形成了四通八达的内河运输网络。

从莱茵河到多瑙河就是通过运河实现联运的。从莱茵河支流美因河岸的班贝格到多瑙河沿岸的凯尔海姆，这条莱茵河—多瑙河运河将欧洲两条著名的国际性河流联系在一起。

莱茵河—多瑙河运河的开通，对欧洲内河航运的意义是非凡的。人工运河的修建，使欧洲的江河湖海完全地联系在一起，条条河流都能通入海洋。因此，在莱茵河上人们有时甚至可以看到20多个国家的轮船在航行呢！

欧洲概况

◁ 德国修建的莱茵河—多瑙河运河

多瑙河

发源于德国西南部的多瑙河是欧洲第二长河，全长2850千米，自西向东注入黑海，是世界上干流流经国家最多的河流之一。多瑙河还是世界上流经首都最多的河流，音乐之都——维也纳、欧洲之心——布达佩斯等著名城市都位于多瑙河沿岸。同时，多瑙河还是多个国家的国界线，如果你乘船沿多瑙河游览，有时会在某些国家的边境线上穿行呢！

△ 夜幕降临，多瑙河静静地从布达佩斯穿过。

专题 1
阿尔卑斯山脉

阿尔卑斯山脉雄踞欧洲南部，
以天险之姿俯瞰西欧平原，
高耸的山峰无比雄壮。

◎ 造山运动

在中生代时期，阿尔卑斯山脉地区还是特提斯海（古地中海）的一部分。河流搬运大量的泥沙沉积在广阔的特提斯海海底，形成深厚的沉积岩岩层。

约4400万年前，非洲板块开始向北移动，并与北方的亚欧板块发生碰撞。板块碰撞产生的强大冲击力，使特提斯海的沉积岩被迫向上抬升，逐渐形成了高大的阿尔卑斯山脉。

◀ 连绵不绝的阿尔卑斯山脉

▲ 马特洪峰

冰川作用

造山运动奠定了阿尔卑斯山脉的基本格局，冰川作用让今天壮丽的阿尔卑斯山脉得以形成。

在第四纪冰期，阿尔卑斯山脉被厚厚的冰川覆盖，冰川在运动过程中不断侵蚀山体，切割出宛如刀削的刃岭，如马特洪峰、大格洛克纳山等。

冰川作用让阿尔卑斯山区的山谷加宽加深，形成"U"形谷。在如今阿尔卑斯山区的河谷中，地形高差达到了 4000 米。大量冰川融水形成的大瀑布从"U"形谷两侧高耸的悬崖峭壁中倾泻而出。

冰川作用改变了整个阿尔卑斯山区的自然环境。相比于两侧高山，"U"形谷里的气候要温和得多，由于冰川搬运物质的堆积，谷底土质较为深厚肥沃。因此，人们可以在这里建立家园。

◎ 户外天堂

比起喜马拉雅山脉，最高峰只有 4000 多米的阿尔卑斯山脉并无过人之处，可它却享有"户外第一山"的美誉。

阿尔卑斯山脉陡峭的雪峰岩壁吸引了来自世界各地的攀登者。

当然，阿尔卑斯山脉不仅是攀登者的胜地，更是滑雪者的天堂。无数的滑雪爱好者集聚在瑞士等地，以最惊险刺激的方式在阿尔卑斯山脉上演"速度与激情"的故事。

◁ 瑞士阿尔卑斯谷地的悬崖瀑布。

▷ 资深滑雪爱好者从阿尔卑斯山脉飞驰而下。

欧洲概况

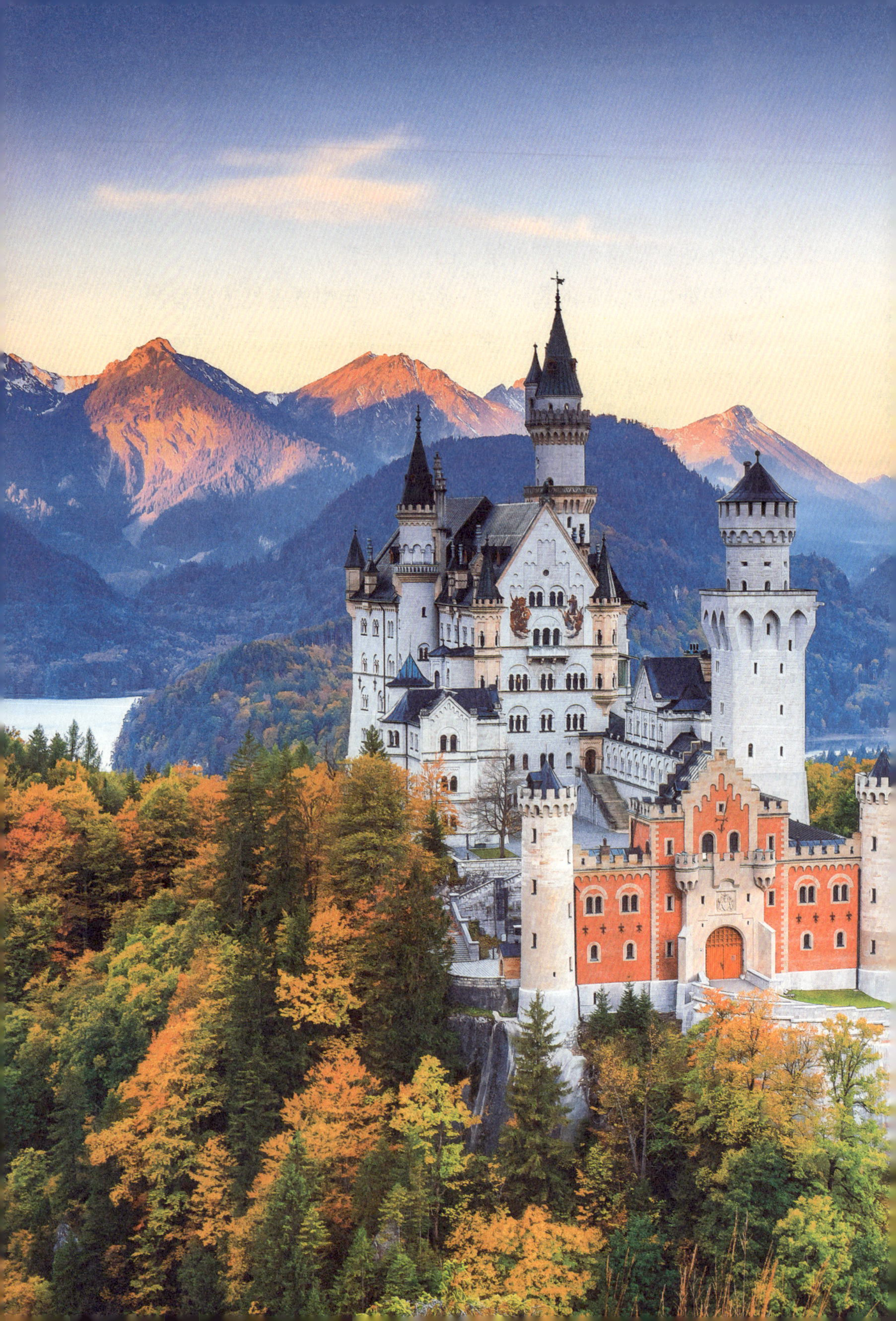

欧洲西部

❺ 德国：工业强国

鲁尔区丰富的煤炭资源，
点燃了德国工业革命的火焰。
繁忙的汉堡港让德国与世界相连。

⌖ 工业发达

德国工业高度发达，以汽车和精密机床为代表的高端制造业是德国工业的代表。

▽ 德国首都——柏林，被誉为"森林与湖泊之都"。

▶ 德国自动化的汽车生产车间

德国工业产品以质量上乘和技术水平高著称于世。德国是世界汽车制造强国，德国汽车行业的生存很大程度依赖海外市场，其生产的汽车70%以上用于出口。

鲁尔区作为"德国工业的心脏"，在19世纪上半叶迎来了辉煌的时期，见证了德国工业的快速发展。

千万年前，鲁尔区还是一片郁郁葱葱的森林，在漫长的地质作用下，森林在地下演变为煤炭。工业革命时代，煤炭资源的发现让鲁尔区的煤钢联合企业飞速发展，多特蒙德、杜伊斯堡等小村镇迅速崛起为德国重要的工业城市。

20世纪50年代以来，随着大量科研经费和教育经费的投入，众多生物医药和纳米科技企业在鲁尔区集聚。如今的鲁尔区，早已没有了工业革命时代的繁忙与嘈杂，取而代之的是现代化城市的活力与繁荣。早期的煤矿工厂被改造成了展览馆和博物馆，它们展示着德国的工业发展历史。

△ 鲁尔区隐藏在森林中的工业遗产公园，展示着这里曾经的辉煌。

✦ 航运发达

德国水路交通便利，河海航运发达。

德国地处欧洲中部，北临波罗的海，南至阿尔卑斯山脉。莱茵河和易北河自东南向西北穿过德国境内注入北海，打开了其通往大西洋的门户。多瑙河从德国西南部向东注入黑海，增加了德国同欧洲东部国家的联系。

发达的内河航运和优良的海港将德国的工业品源源不断地输送到世界各地。

✦ 繁忙的港口

汉堡，易北河入海口的港口城市，天然的地理位置和航运优势，造就了汉堡"世界桥都"和"德国通往世界的大门"的地位。

汉堡是一座水上城市。从高空俯瞰，阿尔斯特河、比勒河这两条易北河的主要支流和上百条小运河穿插交错，如同血脉一般在城市中

▶ 河流穿城而过，建筑沿河而建，"世界桥都"由此而生。

流淌，又如蛛网一样连接四处，最终构成了汉堡的城市形态。

既然河道纵横，那么桥梁就必不可少。整个汉堡市拥有2500多座桥梁。古朴的木桥、厚重的石桥、肃穆的铁桥等分布在大大小小的河道上，连接着河流两岸，装点着城市。

▼ 德国汉堡市

欧洲西部

在繁忙的汉堡港口，密密麻麻的集装箱整齐地堆放在码头上。排在码头外的巨大货轮，载满货物整装待发。

汉堡港作为河、海两用港口，拥有300多条国际航线，每年进入汉堡港的船只近2万艘，年吞吐量6000万吨左右。德国的工业产品通过河流运抵汉堡，再运往世界各地。来自全球各地的产品也从汉堡运往德国腹地。

6 荷兰：风车王国

地势低洼的土地上，
慢悠悠转动的巨型风车，
诉说着荷兰人造陆的故事。

低洼之地

荷兰，又名尼德兰，意思就是"低地之国"。全境地势低洼，有1/3的土地海拔仅1米，最低点在鹿特丹附近，低于海平面6.7米。

荷兰是一个沿海国家，这么低的地势，难道不会被海水淹没吗？

荷兰人在沿海修筑堤坝，挡住了海水。荷兰很多城市命名都以丹结尾，像著名的阿姆斯特丹、鹿特丹等。因为在荷兰，"丹"（dam）就是水坝的意思。

◁ 荷兰鹿特丹像是一座泡在海里的城市。

欧洲西部

🎯 生存之道

荷兰的风车与低洼的地势有什么联系吗？

原来风车最早是荷兰人用来排水的设施。拦海大坝能挡住正常水位的海水，但在洪水期，水位上涨，海水仍然可能涌入低洼的陆地。陆地上的水因地势低洼无法排出。不断转动的风车利用风力，将水抽到排水渠，从而保证了陆地不被洪水淹没。

毫不夸张地说，风车保护了荷兰的土地。

古代荷兰人为了能在低洼潮湿的土地上劳作，还发明了木鞋。虽然木鞋穿着不是那么舒服，但是木鞋可以防水，能很好地保护脚。如今，木鞋是荷兰最具民族特色的工艺品之一，也是荷兰民俗文化的缩影。

荷兰首都阿姆斯特丹，是一座建在水上的城市。这里原本是一片沼泽地，整座城市建在满是沼泽的小岛上。城内运河纵横交错，街区依靠桥梁连接。

在地势低洼的土地上建一座城市可不是件容易事。早期在阿姆斯特丹，人们修建房子前需要在低洼的地面上先打上木桩，因而，阿姆

◀ 荷兰风车与郁金香

△ 荷兰传统民居。为应对低洼的地形，房屋多建在木桩上面。

斯特丹又被称为"建在木桩上的城市"。这里的房子屋顶倾斜幅度大，便于积雪滑落，防止冬季积雪压垮房屋。

从修筑堤坝到排水，从木鞋到房屋，这是荷兰人的生存之道。

7 法国：浪漫之国

风情万种的艺术之都，
闻名世界的葡萄酒产区，
浪漫的薰衣草花海。

艺术之都

巴黎是法国的首都。如果我问你，说起巴黎，你会想到什么？你一定会想到埃菲尔铁塔。

埃菲尔铁塔是为庆祝法国大革命一百周年和在巴黎举行的世界博

△ 埃菲尔铁塔，高 320 米，重 9000 吨。在巴黎市区的任何一个地方，都可以看到埃菲尔铁塔。

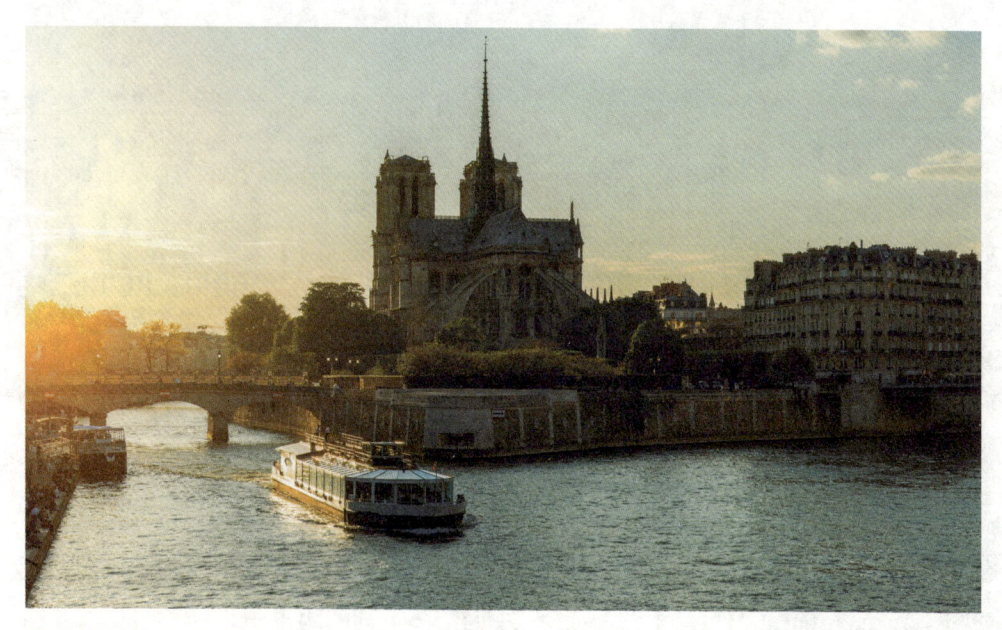

▲ 失火前的巴黎圣母院

览会而修建的。

巴黎是世界上著名的艺术之都。雨果、巴尔扎克、莫奈等数不清的文学家和艺术家都曾在此生活。

此外，巴黎精美的建筑也体现了这座城市独特的文化魅力。

巴黎圣母院是巴黎著名的天主教堂，它坐落于塞纳河畔，全面建成历时180多年，是法国悠久历史的象征。2019年，正在维修的巴黎圣母院遭受火灾，高耸的尖顶在大火中轰然倒下，整座建筑受损严重。火灾后，法国政府表示会尽全力修复巴黎圣母院。

凡尔赛宫是举世闻名的游览胜地，也是世界五大宫殿之一。气势宏伟的外观和精湛的园林设计是当时欧洲的建筑标杆，几百年来欧洲皇家园林几乎都在模仿凡尔赛宫的建筑风格。凡尔赛宫是当时法国经济实力和技术水平的体现，也是法国劳动人民智慧的象征。凡尔赛宫

欧洲西部

▲ 法国凡尔赛宫，欧洲最富丽堂皇的宫殿

在 1979 年被列入《世界遗产名录》。

葡萄酒王国

葡萄酒一直是法国人生活的标配，价格昂贵的拉菲和著名的波尔多葡萄酒都产自法国。

世界葡萄酒产区众多，为什么法国的葡萄酒这么有名呢？

法国是温带海洋性气候和地中海气候的过渡地带，夏季光照充足，适宜葡萄生长。法国地形复杂多样，适宜种植的葡萄多达几百种，不同产区的葡萄酒有着不同的品质和口感。加上法国先进的葡萄园管理技术和酿酒工艺，使得法国的葡萄酒享誉世界。法国是名副其实的葡萄酒王国。

△ 法国随处可见的葡萄园景观

在法国的餐桌上，除了葡萄酒，最常见的就是奶酪和法棍面包了。法国优越的气候和地形条件非常有利于大麦和小麦的生长，这为面包的制作提供了大量的原材料。

薰衣草之乡

一说到薰衣草，很多人就会想起法国的普罗旺斯地区，这里被称为"薰衣草的故乡"。

普罗旺斯地区不仅有大面积的薰衣草花田，而且一些城市的绿化带上，也有紫色的薰衣草。那些芬芳宜人的紫色小花是法国夏日浪漫的符号。

当你走进紫色的薰衣草花海，一定会沉醉在这无比浪漫的世界里。

▲ 普罗旺斯盛开的薰衣草花海

8 英国：联合王国

神秘的巨石阵，
泰晤士河畔的雾都，
在大不列颠岛，
诉说着"日不落帝国"的传奇。

欧洲最大的岛屿

在欧洲西部，有一个由大不列颠岛、爱尔兰岛东北部及附近许多岛屿组成的联合王国——英国。它东临北海，西临大西洋，与法国隔英吉利海峡相望。

图为绵延起伏数千米的七姐妹悬崖。这里高达 175 米的陡峭悬崖，令人生畏，雪白的崖体和海滩几乎成 90°夹角，无比壮观。

大不列颠岛是欧洲最大的岛屿。大不列颠岛曾经是欧洲大陆的一部分，由于地壳运动逐渐向大西洋漂移，中间下陷形成北海，成了独立的岛屿。大不列颠岛有一处特殊的风景线——七姐妹悬崖，这里的悬崖有上亿年的历史，屹立于大地之上，给人们带来非常震撼的视觉效果。

雾都——伦敦

英国的首都是伦敦。伦敦是一座古老的城市，它的历史可以追溯到公元 43 年，当时罗马人在泰晤士河边建立了一个聚居点——伦敦。

伦敦又被称为"雾都"。晨雾下的伦敦，宛如仙境。但"雾都"名称的来历，却有着另一段历史。20 世纪初，伦敦大气污染严重，上空被烟雾笼罩，导致当时的伦敦能见度极差，因此得名"雾都"。

▲ 航拍雾都——伦敦

▲ 缓缓打开的伦敦塔桥和正在等待通行的船只。

　　历史悠久的伦敦，拥有许多名胜古迹。横跨泰晤士河的伦敦塔桥，是伦敦的标志性建筑之一。

　　泰晤士河是英国重要的水上运输通道。为了不影响河流航运，伦敦塔桥设计成上开的悬索桥。轮船经过时，桥身可以打开，保证万吨级巨轮通行。桥身合拢后泰晤士河两岸的陆地交通又不受到影响。

　　参观伦敦塔桥，你可以乘船沿泰晤士河从桥下穿过，感受塔桥升降的独特魅力，同时饱览泰晤士河沿岸的风光。你也可以乘电梯到达塔桥上部，参观大桥的结构，了解大桥的历史。你还可以走到大桥上部的高空通道，缓慢地走过泰晤士河，远眺河两岸的秀丽景色。

　　如果你对历史文物感兴趣，那么伦敦罗素广场的大英博物馆一定不会让你失望。大英博物馆是世界上历史最悠久、规模最宏伟的综合性博物馆，馆内藏有大量珍贵的文物。大英博物馆主要分为埃及博物馆、希腊罗马博物馆、西亚博物馆、东方艺术博物馆等10个分馆。其中东方艺术博物馆有两万多件来自中国的珍贵文物，从商周的青铜器，到唐宋的瓷器、明清的金玉制品，很多文物都是绝世珍藏，例如敦煌莫高窟的壁画和经书、东晋顾恺之《女史箴图》的唐代摹本、西周的康侯簋等。

神秘的巨石阵

在索尔兹伯里城附近，一些巍峨的巨石呈环形屹立着，这就是欧洲著名的史前时代巨石建筑遗址——巨石阵。

巨石阵地基直径70多米、周长220多米，每根石柱厚1米、宽2米、高4米，重量约25吨，最大的石柱重量超过40吨。研究人员

▼ 神秘的巨石阵

通过对石柱化学成分进行分析，推测巨石阵的石柱来源于 25 千米之外的威尔特郡。在史前时代，没有大型机械设备的情况下，人们是如何把巨石运输这么远的距离并排列出奇特石阵的呢？这些问题至今仍然是谜团。

巨石阵呈环状布局有着什么特殊的含义吗？据考古学家分析，巨石阵及其相关遗址可能是远古人类为观测天象、制定节气和预报日月食而建造的。

❾ 挪威：峡湾王国

极北之地，

奇妙绚丽的极光，

曲折幽深的峡湾地貌，

这里是北海油田里的黑金帝国。

⊕ 北方之路

在欧洲大陆的西北侧，斯堪的纳维亚半岛上有一个领土南北狭长，海岸线漫长曲折的国家，它就是挪威。

挪威在挪威语中意为"通往北方之路"。沿着斯堪的纳维亚半岛一路向北，可以到达位于挪威的北角。

◁ 北角，欧洲大陆伸进海洋的尖形陆地。高达307米的悬崖气势雄伟。

▶ 通往北方的"大西洋之路"

北角与斯瓦尔巴群岛间的连线，是挪威海和巴伦支海的分界线。北角是斯堪的纳维亚山脉的终点，从不冻港摩尔曼斯克通往大西洋航道的必经之地，战略地位非凡。

在挪威，通往北方的"大西洋之路"同样是令人着迷的。蜿蜒起伏的道路、一望无际的天空……这里是旅行者的天堂。

挪威地处中高纬度地区，全境有大约1/3的土地在北极圈内。在有"北极之门"之称的特罗瑟姆，极光使这里充满了浪漫的温情。在极夜开始后的冬季，到特罗瑟姆欣赏极光，一定会是一次让你终生难忘的体验！

峡湾王国

你应该听过峡谷，知道海湾，但你知道什么是峡湾吗？峡湾一词源自挪威文，指因海水侵入大陆而成的狭长海湾。

峡湾是如何形成的呢？在第四纪冰期，斯堪的纳维亚半岛被冰川覆盖，厚重的冰川在移动的过程中，产生的强大作用力侵蚀出呈

▲ 冬季挪威绚丽的极光

"U"形的峡谷。随着地球进入间冰期，曾经覆盖在这里的巨大内陆冰川退去。海平面上涨导致海水倒灌进入"U"形峡谷，从而形成了峡湾地貌。

挪威西侧漫长的海岸线，形态蜿蜒交错，支离破碎，峡湾景观随处可见。挪威西海岸有着大大小小上千个峡湾，不同的峡湾各具特色，风景壮丽，因此挪威又被称为"峡湾王国"。

到挪威旅游，峡湾是必不可少的一站。游览峡湾的方式有很多种：你可以选择乘船进入峡湾内部；也可以徒步到峡湾的悬崖之上，以"上帝视角"俯瞰峡湾之美。在松恩峡湾，你甚至可以乘坐火车穿越峡湾上的瀑布。

🔺 吕瑟峡湾，两岸巨岩陡峭。布雷凯斯特伦断崖海拔 600 米，人们攀登到巨岩之上犹如飘浮在空中。

🔺 松恩峡湾全长 204 千米，最深处落差 1308 米，是世界上最长、最深的峡湾。

峡湾不仅仅有壮丽的风景，由于它深入内陆，湾内风浪小，往往可形成天然良港。挪威第二大城市卑尔根就是建在峡湾里的港口城市，它曾经是斯堪的纳维亚半岛上最大的渔港。

黑金帝国

上帝是偏爱挪威的，不仅给予了挪威壮丽多姿的风景，还为其埋下了无数的财富。

挪威的石油时代开始于20世纪50年代末，当时全球多家石油公司向挪威政府递交石油勘探申请。但挪威政府并没有立即和石油勘探公司谈判。政府先是通过立法规定挪威海域所有矿藏的勘探和开采权都属于挪威王国，再和英国、丹麦划分了海域。做好一切准备后，1969年12月23日，人们在北海海域的南部，发现了油田，由此挪威也正式开始进入黑金帝国时代。

凭借石油和天然气资源，挪威成为世界上最富有的国家之一。

▲ 挪威海上油气钻井平台

⑩ 冰岛：冰与火之国

冰岛散发着十足的寒意，
在冷酷的外表下，
竟隐藏着一颗"火热的心"。

◈ 冰的国度

冰岛在哪里？

只听名字，你可能会想，冰岛应该是北冰洋上的一个寒冷岛屿，其实冰岛是位于北大西洋上的岛国。

△ 冰岛的冰洞奇观

△ 雷克雅未克位于冰岛西南部，是世界上最靠近北极的首都。图为冬季的雷克雅未克，暖色的灯光与远处的积雪，勾画出了童话般的意境。

冰岛纬度较高，冰川覆盖面积广，约 13% 的土地被冰雪所覆盖。冰川在大地上留下了无数令人向往的风景。你可以站在雄伟壮观的冰川上，感受人类的渺小；可以走进深邃蓝色的冰洞里，惊叹大自然的鬼斧神工；也可以在奔腾的冰河边，倾听冰河的历史。

冰岛真的像它的名字一样寒冷吗？受北大西洋暖流的影响，冰岛首都雷克雅未克，1 月平均气温竟然在 0 ℃以上。

夏季的冰岛又是另一番景象了。在炎炎夏日，当你躲在空调房里避暑时，冰岛却十分凉爽舒适。夏季去冰岛旅游，你不仅可以避暑，还可以看到绚丽的极光。

呈弧形的众神瀑布无比壮观，令人惊叹。

　　面积广阔的冰川还为冰岛提供了大量的淡水资源。冰岛生态环境优美，水资源丰富。全国河流湖泊广布，并分布有大大小小 10000 多处瀑布。

火的世界

　　冰与火可以共存吗？在冰岛，这种情况真实存在。那冰岛的"火"从哪里来呢？

　　冰岛地处大西洋北部，位于亚欧板块和美洲板块的交界处，这里地壳运动活跃，火山活动频繁。

　　地处板块交界处的冰岛，拥有非常丰富的地热资源。冰岛人充分地利用了地热资源，这里超过 90% 的房屋都由地热供暖，不仅便宜还非常清洁。冰岛是全球污染程度最低的国家之一。

　　在冰岛，还有一种特殊的温泉——间歇泉。

　　什么是间歇泉呢？间歇泉是指在地壳运动活跃的地区，岩浆使得地下水水温升高，甚至形成蒸汽。被加热的水汽沿着岩石圈裂隙上升，

⬆ 冰岛史托克间歇泉，每隔4~8分钟喷发一次。

⬇ 冰岛流淌的炽热岩浆

接近地表时，温度下降，水汽液化成温度很高的水，水在压力作用下喷出地表。因为水汽的形成和冷凝需要一定的时间，因此这种高温的泉水会间隔几分钟喷发一次。

这就是冰岛，冷酷的外表下隐藏着一颗"火热的心"。在这个冰与火之国，也许只有你来到这里，才能感受到它不一样的魅力！

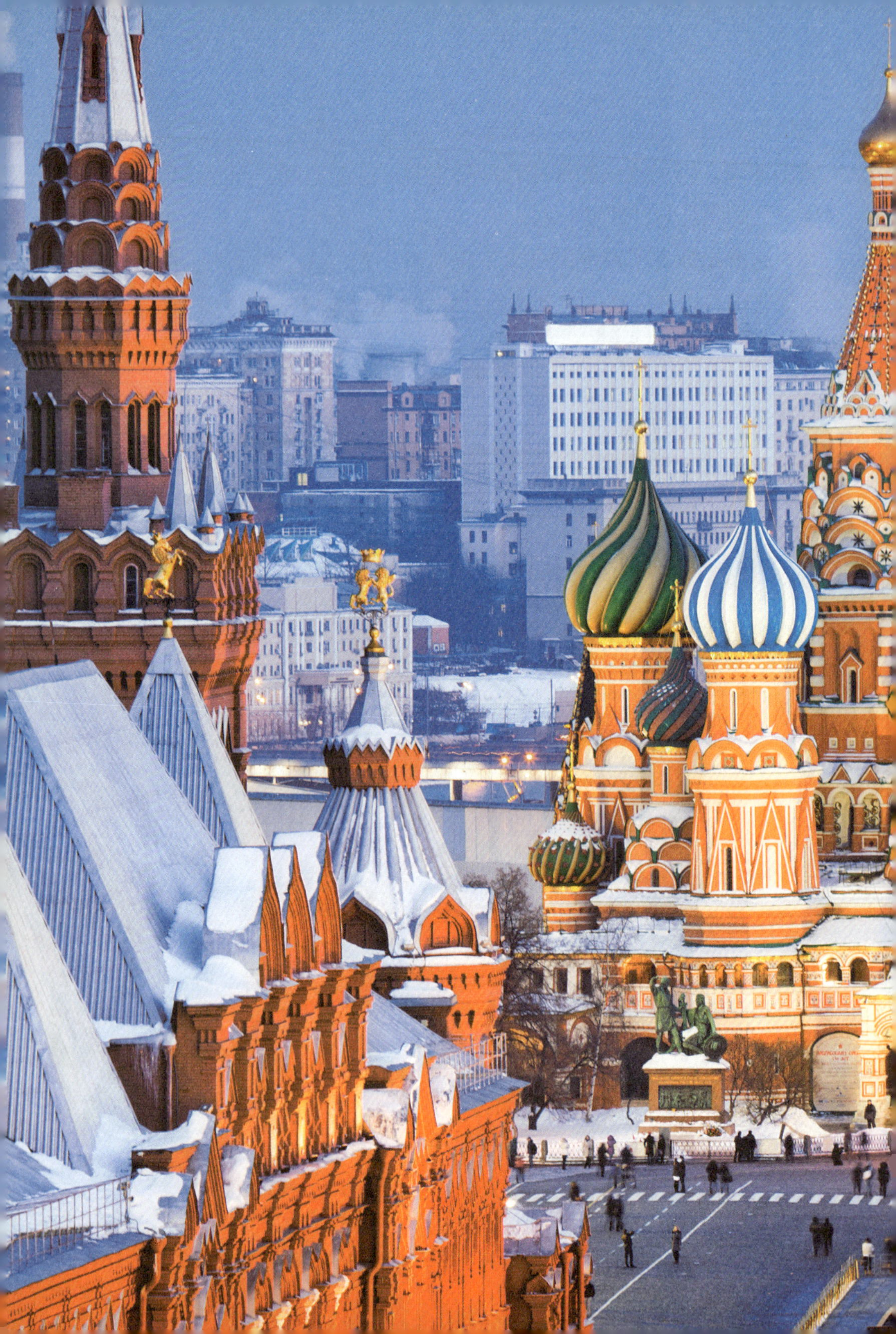

欧洲东部

⑪ 俄罗斯：世界上面积最大的国家

从白令海峡到波罗的海，
从东欧平原到东西伯利亚山地，
横跨亚欧大陆，
俄罗斯究竟是怎样一个国家？

◎ 横跨亚欧大陆

俄罗斯是世界上面积最大的国家，领土横跨亚欧大陆。其西侧约 1/4 的领土位于欧洲，东部约 3/4 的领土位于亚洲。

那么，俄罗斯究竟是亚洲国家还是欧洲国家呢？

大多数人第一印象会觉得俄罗斯是一个亚洲国家，毕竟俄罗斯绝大部分领土位于亚洲范围内。但俄罗斯的人口多集中在东欧平原，经济重心也位于欧洲。

◀ 俄罗斯首都莫斯科

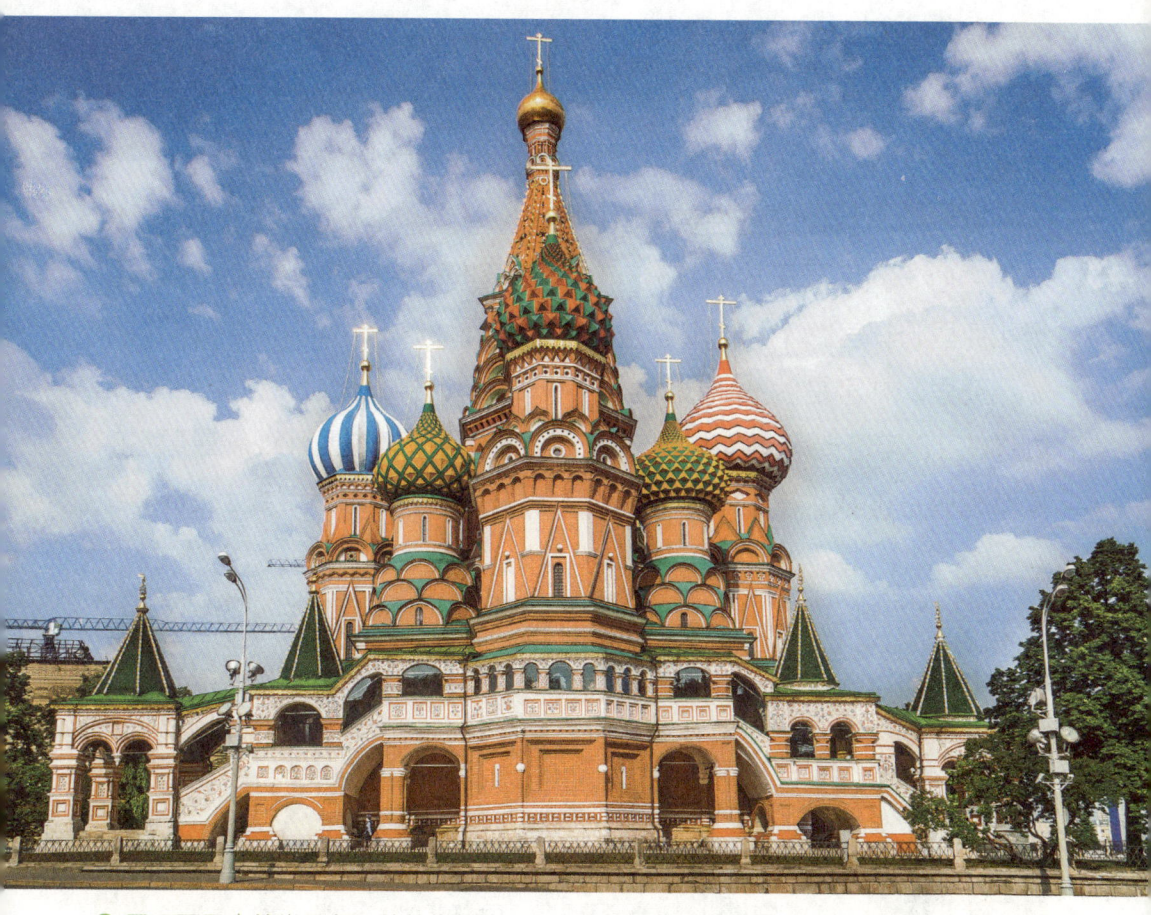

△ 圣瓦西里大教堂是东正教教堂的代表，它以红色为主基调，搭配"洋葱顶"，视觉效果非常震撼。

　　俄罗斯人大多数信仰东正教，东正教属于欧洲基督教的分支。走在俄罗斯的街头，东正教标志性的"洋葱顶"教堂随处可见。

　　如此看来，人口、经济、民族、宗教都深受欧洲影响的俄罗斯是一个欧洲国家。

莫斯科

俄罗斯的首都莫斯科又被称为"千顶之城"。因为当人们在地势较高处远眺时,映入眼帘最多的便是五彩缤纷的"洋葱顶"教堂。

克里姆林宫和红场是莫斯科的标志。莫斯科的城市布局便是以红场为中心,向四周呈放射状分布的。在莫斯科,条条大街都可通向红场和克里姆林宫。

克里姆林宫是俄罗斯最负盛名的一组建筑群。宫墙整体呈三角形,周边的18座塔楼错落有致地布局在宫墙之上,其中最壮观、最著名的是带有鸣钟的救世主塔楼。在5座最大的城门塔楼和箭楼上装饰着红

▲ 克里姆林宫是俄罗斯国家的象征,呈三角形布局,它南边紧临莫斯科河,西北与亚历山大罗夫斯基花园相接,东北与红场相连。

▲ 铺着古老条石的红场

宝石材质的五角星，这就是人们所说的克里姆林宫红星。

　　红场位于莫斯科的市中心，在俄语中意为"美丽的广场"，是俄罗斯举行各种活动的主要场所。红场的地面由古老的条石铺设而成，历史感十足。红场也是莫斯科最古老的广场，虽然历经多次改建，但依旧维持着原貌。

重要海港

　　圣彼得堡港位于俄罗斯西北部、波罗的海芬兰湾东岸。圣彼得堡港作为俄罗斯第一大港，对俄罗斯的经济发展有着重要的作用。

　　俄罗斯另一个重要的港口是位于北极圈内的摩尔曼斯克港。

摩尔曼斯克港虽然位于北极圈内，但却是一个终年不冻港。为什么摩尔曼斯克港在北极圈内，但冬季却不会封冻呢？

原来这是北大西洋暖流的功劳！来自较低纬度的温暖海水在盛行西风的作用下，源源不断地涌入北方的海域，这使得摩尔曼斯克港附近的海水温暖起来。

摩尔曼斯克港通过海上运输线路可直通北冰洋与大西洋。摩尔曼斯克港港阔水深，非常适合舰艇停泊，这里也是俄罗斯重要的军港。

▲ 冬季的摩尔曼斯克港

⑫ 乌克兰：欧洲粮仓

曾经的工业重地，
东欧平原上的粮仓。

⊕ 辉煌历史

乌克兰位于欧洲东部，西部与波兰、斯洛伐克、匈牙利相连，东北部与俄罗斯接壤，南部濒临黑海，北部与白俄罗斯毗邻。

苏联时期，乌克兰有着世界先进的军工制造业。当时的黑海造船厂、马达西奇公司都非常有名。

▲ 航拍乌克兰首都基辅

欧洲东部

57

△ 发生核泄漏事故后的切尔诺贝利，几十年后依旧无法居住。

黑海造船厂又名尼古拉耶夫造船厂。黑海造船厂曾经是一个航空母舰总装厂。中国"辽宁舰"的前身"瓦良格"号航空母舰就是在这里建造的。黑海造船厂还制造了"莫斯科"号、"列宁格勒"号直升机巡洋舰等。马达西奇公司是一家先进的飞机发动机引擎生产厂商，很多军用直升机的引擎都是由马达西奇公司生产的。

苏联解体后，黑海造船厂和马达西奇公司开始没落。如今，黑海造船厂已经破产，马达西奇公司也大不如从前了。

苏联时期，核工业是乌克兰重要的工业部门。发达的核工业给乌克兰带来过辉煌，但也让乌克兰遭受了非常严重的核污染。1986年，切尔诺贝利核电站发生严重事故，许多乌克兰人的生活因此发生巨大改变，无数的人们遭受病痛折磨。几十年后的今天，切尔诺贝利核泄漏事故造成的影响依旧没有完全消除。

⊕ 欧洲粮仓

乌克兰境内大部分地区位于东欧平原，它是世界上第三大粮食出口国，素有"欧洲粮仓"的美誉。国土面积并不辽阔的乌克兰为何能成为"欧洲粮仓"呢？

乌克兰是世界三大黑土分布区之一，全境 2/3 的土地是肥沃的黑土，这为农业发展提供了优越的自然条件。

此外，乌克兰农业的发展，离不开著名的第聂伯河。

第聂伯河发源于俄罗斯境内，为欧洲第三大河，全长2201千米，在乌克兰境内的长度超过1000千米。第聂伯河水量丰沛，支流众多，河流上游春季的冰雪融水也为第聂伯河提供丰富的水源补给。

乌克兰境内的第聂伯河，河道十分宽阔，有的河段宽度甚至超过5000米，远看像一个湖泊。它在宽广的黑土地上流淌，为乌克兰农业发展提供了充足的水源。

△ 乌克兰的黑土地

△ 宽阔的第聂伯河

欧洲东部

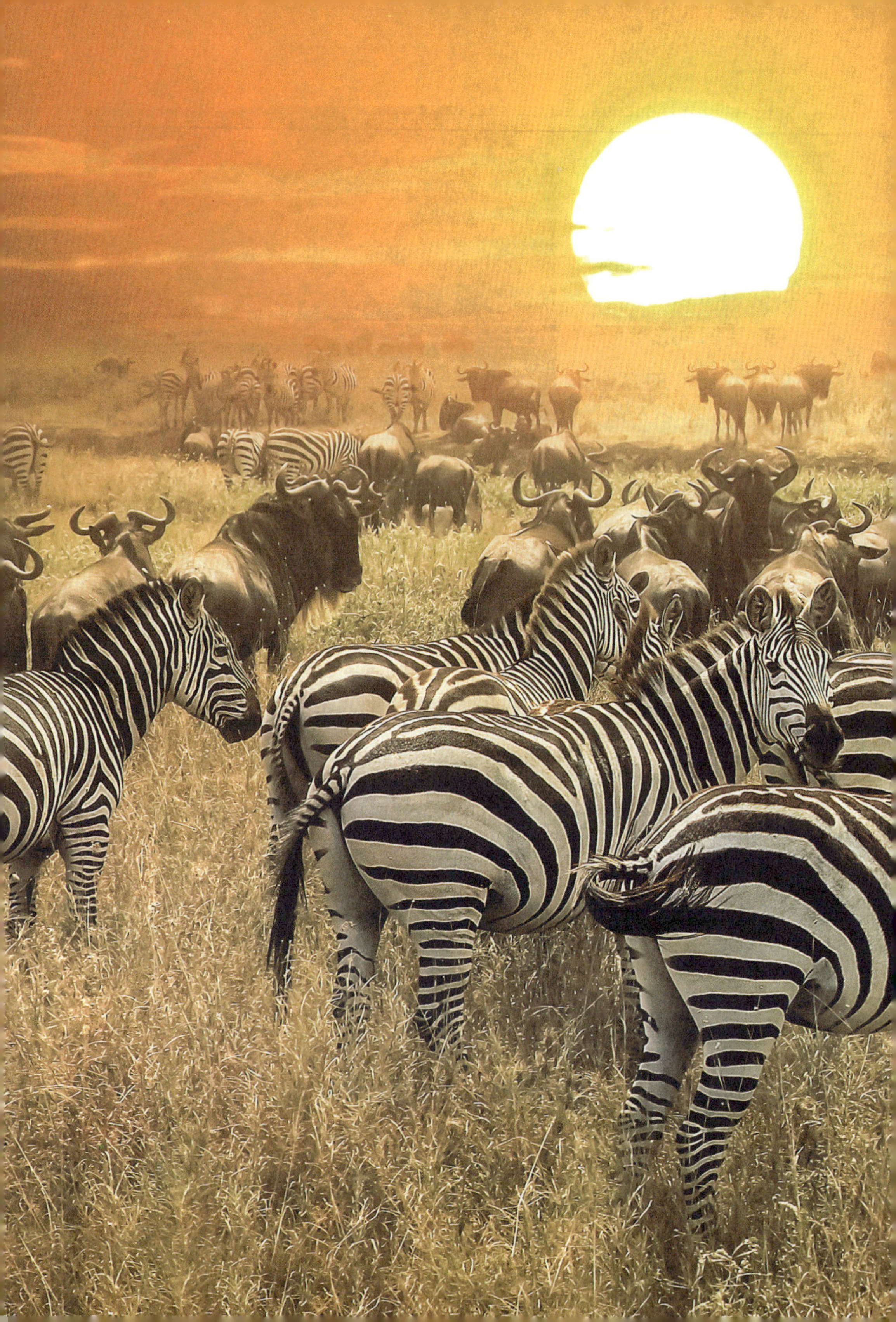

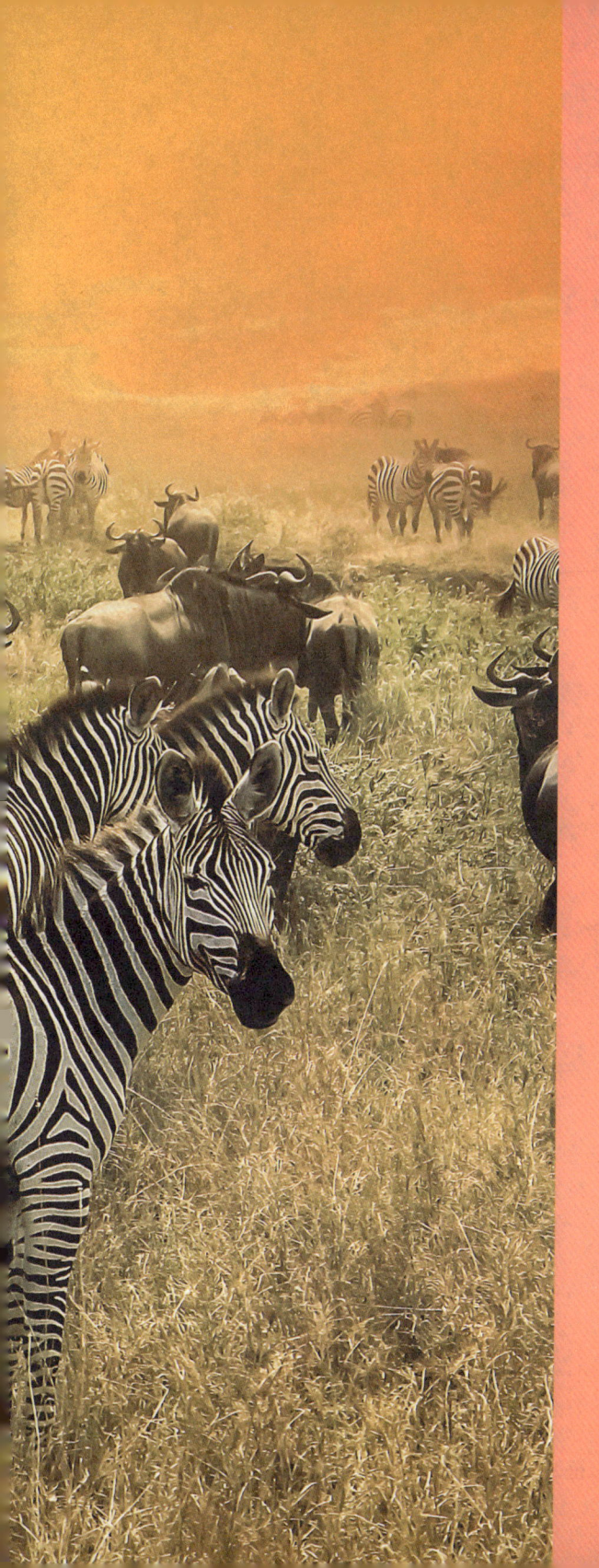

非洲概况

⑬ 非洲：高原大陆

非洲，
世界第二大洲，
地形以高原为主，
有"高原大陆"之称。

⊕ 非洲概况

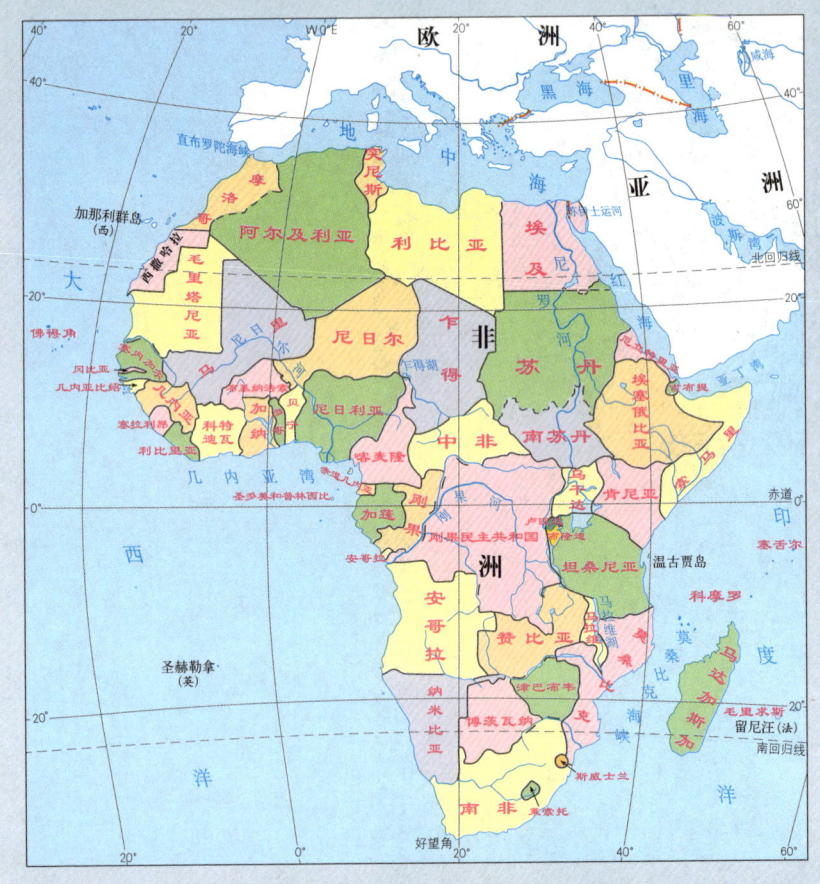

▲ 非洲政区图

环游世界：欧洲和非洲

非洲位于亚欧大陆的西南方向，东濒印度洋，西邻大西洋，北隔地中海与欧洲相望。非洲面积约 3020 万平方千米，仅次于亚洲，为世界第二大洲。

非洲现有 57 个国家和地区，绝大多数为发展中国家。

高原大陆

非洲平均海拔约 750 米，低于南极洲和亚洲，但地形以高原为主，故被称为"高原大陆"。

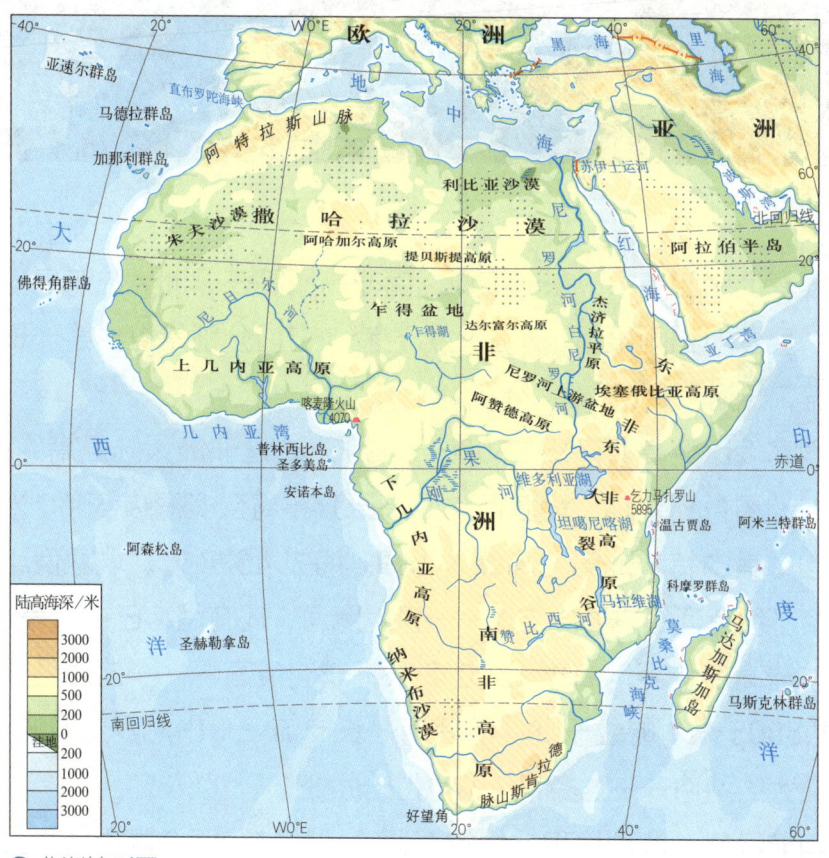

▲ 非洲地形图

△ 埃塞俄比亚高原

　　埃塞俄比亚高原、东非高原、南非高原等在非洲大陆东南部一字排开。尼罗河和刚果河，顺应地势流淌，它们分别是世界第一长河和非洲第二长河。

　　埃塞俄比亚高原海拔2500～3000米，是非洲大陆最高的高原，有"非洲屋脊"之称。埃塞俄比亚高原分布着众多海拔3500米以上的火山，其中有非洲第四高峰达尚峰，海拔4620米。埃塞俄比亚高原孕育了尼罗河最重要的支流——青尼罗河，还有阿特巴拉河等河流。

　　东非高原，平均海拔1000多米。非洲最高峰——乞力马扎罗山（海拔5895米）屹立于此。尼罗河最长支流——白尼罗河发源于此。非洲最大的湖泊——维多利亚湖也位于此处。

　　南非高原，非洲面积最大的高原，地势较前两个高原低，其东南边缘绵延着德拉肯斯山脉。

▲ 维多利亚湖是非洲最大、世界第二大淡水湖，地处东非大裂谷东、西支之间的盆地上。上图为傍晚时分的维多利亚湖。

东非大裂谷

东非大裂谷是世界陆地上最大的断裂带，被称为"地球伤疤"。

东非大裂谷，位于非洲东部，南起赞比西河的下游谷地，向北延伸至马拉维湖北端分为东西两支：东支为主裂谷，穿越东非高原、埃塞俄比亚高原抵达红海沿岸；西支自马拉维湖西北端，经坦噶尼喀湖等延伸至尼罗河上游谷地。东西两支最终汇于死海。东非大裂谷全长约6500千米，沿线湖泊成串，火山相连，地震多发。

据科学家测量，东非大裂谷每年以几毫米到几十毫米的速度在加宽。有科学家预言，如果按这样的速度继续扩张，2亿年后，东非的分离可形成世界上第八大洲，世界第五大洋。

⋀ 仿佛就在昨夜，一道刚形成的裂谷截断了东非道路。而这一幕，仿佛让我们窥见了高谷深涧、湖泊成串的大裂谷的初始状态。

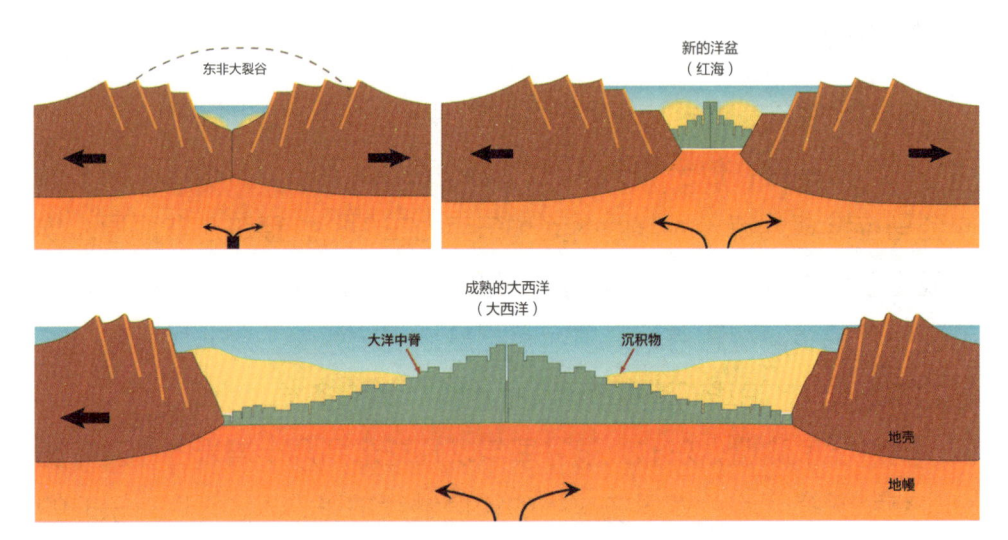

⋀ 在地幔岩浆的推动下，红海和大西洋也许就是东非大裂谷未来的模样。

66　　　　　环游世界：欧洲和非洲

14 灼热之地

非洲，全称为阿非利加洲，意即为"灼热之地"。

⊕ 气候特点

非洲年均气温在20℃以上，是世界上最热的大洲。非洲气候的典型特点是"对称"和"火辣"。"对称"指的是气候类型以赤道为轴，大致呈南北对称分布。"火辣"指的是非洲75%以上的面积位于南、北回归线之间，气候炎热。

▲ 非洲气候分布图

⊕ 气候类型

非洲绝大部分地区位于热带、亚热带，其气候类型大致可分为以下几种：

热带雨林气候，全年高温多雨。潮湿的空气像是拧得出水来一般。

非洲概况　67

🔺 热带雨林中的箭毒蛙，体长仅1~5厘米，却有剧毒。

在热带雨林中，植物生长茂密，动物种类繁多。

热带沙漠气候，全年高温干旱，空气中水汽很少。热带沙漠气候区环境恶劣，能存活下来的生物较少，只有那些耐旱的矮小植物和耐旱的动物，才能生活在这里。

热带草原气候，全年高温，有明显的干湿两季。该气候区内，夏半年为雨季，降水量大，泥沼遍布，草木繁茂，斑马、羚羊等成群结队地出行；冬半年为干季，晴天多，气温较高，动物们逐水草而去。

地中海气候，夏季高温少雨，冬季温和湿润。该气候区多产椰枣、油橄榄和柑橘等。为适应环境，这里的植物一般根系较发达，以攫取水分，叶面较厚且有一层油亮的蜡质层，以减少干热夏季的水分蒸发。

▲ 热带草原上的动物们

在灼热的非洲大陆，除了前面提及的四种气候，这里还有高原山地气候。在"非洲屋脊"埃塞俄比亚高原或非洲第一高峰——乞力马扎罗山等地，你还可以看到山顶的冰雪。

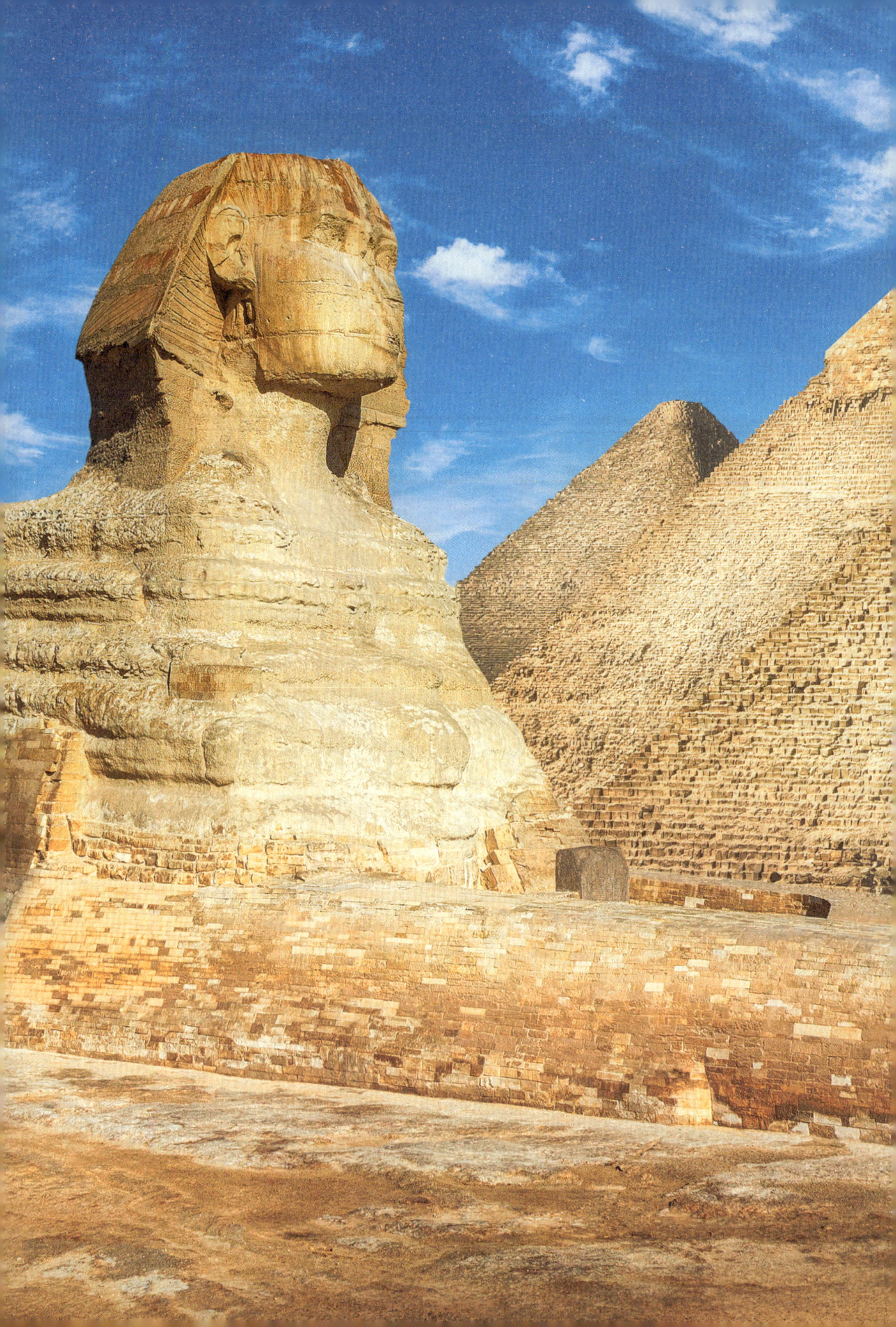

北非

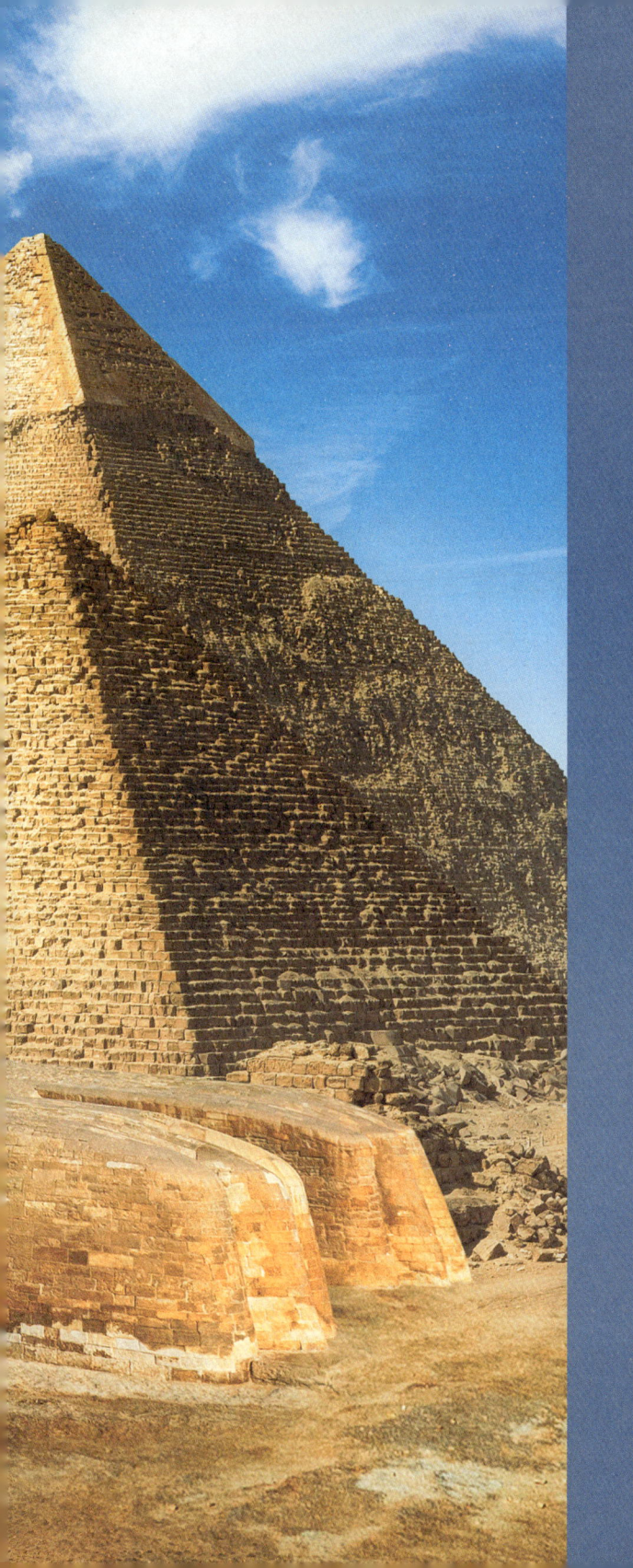

⑮ 撒哈拉沙漠：死亡之海

这里是沙的海洋，

也是能源宝库，

这里是撒哈拉沙漠。

⊕ 撒哈拉沙漠概况

　　撒哈拉沙漠是世界上最大的沙漠。它西起大西洋，东到红海之滨，南接苏丹草原，北抵地中海附近，面积超 900 万平方千米，约占非洲大陆面积的 1/3。

▲ 图为撒哈拉沙漠。1973 年中国作家三毛开始了一场说走就走的旅程，她从太平洋西岸来到非洲撒哈拉沙漠，创作了个人第一部散文集《撒哈拉的故事》。

▲ "撒哈拉"是大荒漠的意思。从太空中俯瞰地球，黄褐色是非洲北部的主色调。

⊕ 这些沙，从哪来

　　这么多的沙，是从哪里来的呢？地质研究表明，撒哈拉沙漠在很久以前是一片汪洋大海，经历沧桑变迁，由海洋变为陆地。受四周高、中部低的地形和干热的下沉气流影响，撒哈拉沙漠降水非常少，大部分地区年降水量不足 20 毫米，而头顶的烈日使得这里蒸发旺盛，因此这里特别干旱。白天烈日炙烤大地，夜晚降温也快，一天之内温差可达 30℃。岩土在高温、干旱、温差和强风的共同作用下，形成了撒哈拉沙漠。

⊙ 撒哈拉沙漠，只有沙吗

三毛说："我当时的一大愿望是横渡撒哈拉。可是，一旦面对它，我才发现，这样的想法很天真。"是的，撒哈拉沙漠东西长4800千米，南北宽2000千米！要想穿越撒哈拉沙漠，实在不容易！

那么，如此广袤的沙漠，都是千篇一律的风景吗？撒哈拉沙漠以布满茫茫黄沙的沙丘地貌为主，但还有裸岩、岩柱、石拱和蘑菇石等侵蚀地貌。此外，这里还有海拔高达3415米的库西火山。

深入撒哈拉沙漠腹地，这里河流稀少，不适合生物生存。但在有水的地方就变了模样，在黄沙滚烫的荒漠旁，偶有复活草、金合欢、仙人掌等植物的身影，间或有鸵鸟、羚羊、单峰驼、蚂蚁、蝎子、沙漠蛇、壁虎、剑齿裸鼹鼠等动物的踪迹。

从太空看向地球，撒哈拉沙漠内部一个直径38~41千米的巨大同心圆赫然映入眼帘，如同地球的眼睛凝望苍穹。地质学家把它称为

◀ 石拱俗称天生桥，阿罗巴石拱位于乍得东北部的高原上，跨径77米，高120米。图为阿罗巴石拱。

复活草，学名卷柏，因其能在几乎完全被晒干多年后，一旦有水就能起"死"回生而得名。其生存之道：善于"装死"，减少蒸腾；善于锁水，体内的糖基海藻糖具有保湿功能；善于迁徙，能借助风力，化身为球，浪迹天涯。

理查特结构。那么，如此奇特的地貌是怎么形成的呢？多年来，人们众说纷纭。后来地质学家通过大量勘探，认为这是先由地下岩浆间歇喷涌而形成的圆球形穹窿结构，后来由于不同球层岩石的性质差别，被风沙和流水侵蚀的程度不同，最终形成了像油画棒渲染过的同心圆形状。

撒哈拉之眼位于撒哈拉沙漠西南部的毛里塔尼亚境内。

北非

撒哈拉沙漠，有啥用

20世纪美国地理学家房龙认为，撒哈拉沙漠百无一用，事实真的如此吗？

撒哈拉沙漠是座巨大的能源宝库。这里地广人稀，太阳能和风能资源丰富。除了太阳能和风能等清洁能源外，撒哈拉沙漠的地下还埋藏着丰富的矿产资源。石油、天然气、铀、铁、煤、铜、白金和磷酸盐储量都非常可观。

撒哈拉沙漠干燥的气候对历史文物也起到了保护作用。如始建于公元前26世纪的吉萨金字塔群，建于公元前14世纪的卢克索神庙群，还有保存完好的拉美西斯二世木乃伊……

光热充足、昼夜温差大是很多植物生长的有利条件。在阿尔及利亚的阿哈加尔高原和乍得的恩内迪高原，留下了许多一万年前撒哈拉

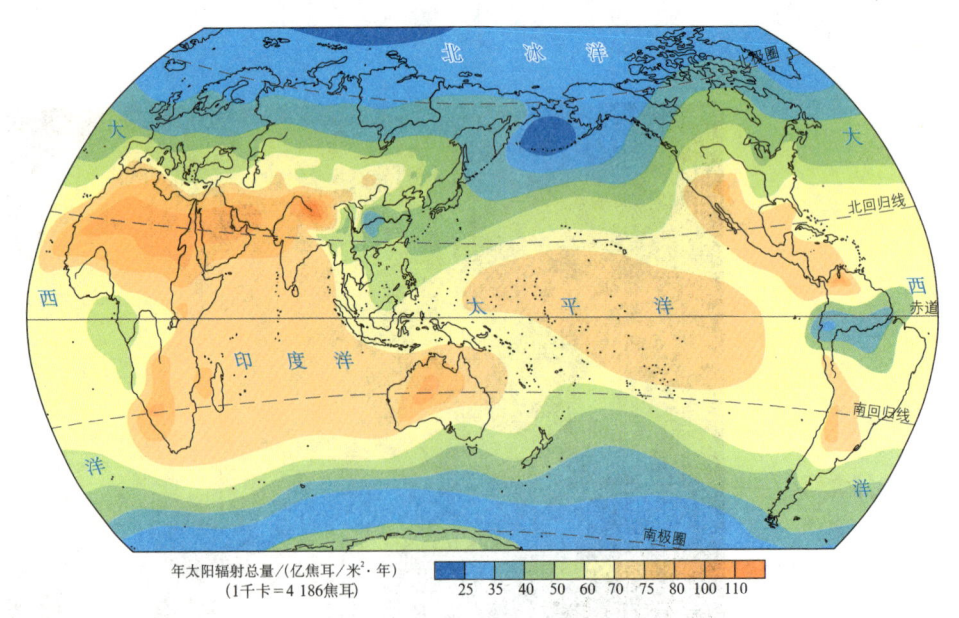

年太阳辐射总量/(亿焦耳/米²·年)
(1千卡＝4 186焦耳)

△ 世界年太阳辐射总量分布图

先民的岩画，岩画上有手持矛的猎人、健硕的牛马，仿佛把我们带回那个水草丰茂的时代！

　　由于撒哈拉沙漠的阻隔，非洲南、北部的自然风貌、人种肤色等都迥然不同。同时，撒哈拉沙漠的原始部落也是我们研究人类史前文明的现世资料。

▲ 卢克索神庙群的正门，原有两根方尖碑左右分布，另一根方尖碑于1831年运往法国巴黎协和广场。

16 埃及：女神的馈赠

在非洲东北部，
有一片肥沃的土地，
这便是埃及。

⊕ 尼罗河

古埃及是世界四大文明古国之一。

提到璀璨的古埃及文明，一定绕不开尼罗河。在埃及的文明进程

△ 尼罗河两岸风光。尼罗河是世界第一长河，在埃及境内长 1530 千米，进入地中海前分成多股岔流，形成低平的尼罗河三角洲。河两岸的狭长地带是埃及的耕地、人口和城市集中区。

中，尼罗河起到了什么作用呢？

首先，尼罗河解决了两岸农业生产所需的水源问题。一般温度高时，农作物生长快，需水量也大，每年5月到10月，尼罗河河水泛滥，人们迁往河谷两侧的高原，待洪水退去，人们来到河水滋润过的河谷两岸进行播种，这里有河水带来的肥沃土地。

其次，尼罗河为埃及人提供了鱼、虾等丰富的水产品。现如今拥有2200多万人口的开罗，仍有不少人世代居住在船上，以捕鱼为业。

再次，尼罗河有较高的航运价值。据说，在金字塔群和卢克索神庙群的修建过程中，用到的大量粉红色花岗岩，部分就是来自尼罗河上游阿斯旺的一个采石场，石材被开采后就是经尼罗河运往所需之地的。

▽ 尼罗河风光

◀ 这是埃及境内为太阳神阿蒙而立的最高的一座方尖碑，高29米，重323吨，全身由一块完整的花岗岩雕琢而成。如果运输不借助水运，难度不可想象。

最后，埃及国土面积约100.1万平方千米，除尼罗河三角洲和北部沿海地区为地中海气候外，这里95%以上的地区为热带沙漠气候，全年干旱少雨。如今埃及大约有1亿人口，集中分布在尼罗河下游沿岸平原和三角洲地区，这里是世界人口最稠密的地区之一。如果没有尼罗河顺着地势自南向北贯穿全境，这里将是生命的禁区、文明的荒原。

阿斯旺大坝

尼罗河像母亲一样哺育了沿岸人民，但有时也会"耍耍脾气"，比如洪水来得过早或者过晚，或是退去了又重来一次，这样就会打乱人们的生产节奏。

为了让河水可控，埃及早在1902年就在阿斯旺修建了大坝，但由于坝体较矮，存在漫坝的风险。1960年1月9日，在苏联的支持下，

▲ 阿斯旺大坝发电总功率为 210 万千瓦，丰富、廉价、绿色的电力资源装扮了埃及的夜晚，推动了埃及的工业化进程。

▲ 纳赛尔水库上游的一角

埃及正式重新修建阿斯旺大坝。新大坝于1970年完成，长3830米。大坝上游形成了世界第二大人工湖——纳赛尔水库，其总库容达1689亿立方米，可储存尼罗河一年的径流量。

随着运河和堤坝的配套设施不断地完善，埃及进入"水旱从人"的时代。农作物从一年一熟达到了一年两熟或三熟，耕地面积也有了显著增加。纳赛尔水库拦截了上游大部分的泥沙，使得下游河道淤积显著减少，河道加深，航运条件得到了改善。

阿斯旺大坝的修建也带来了一些问题。大坝建成后虽然阻挡了尼罗河的定期泛滥的情况，但是下游地区土壤的肥力开始下降。河口三角洲也因输沙量减少，出现海水倒灌、海岸萎缩等情况。

苏伊士运河

苏伊士运河位于地中海与红海连接处的最狭窄处，是亚、非两洲的分界线，也是连通亚、欧、非三大洲的重要航运通道。

苏伊士运河于1859年开凿，1869年实现通航，后进行过多次扩建。目前，运河全长190多千米，宽300～365米，水深达22.5米，是世界上最重要和最繁忙的运河之一。运河通航后，从北大西洋沿岸各国到

▲苏伊士运河位置示意图。作为"世界十大黄金水道"之一的苏伊士运河，在国际航运中具有重要的战略意义。

▲ 苏伊士运河

印度洋诸港之间的航程，比绕行非洲好望角缩短 5500 千米以上。

　　苏伊士运河的通行费是埃及收入的主要来源之一。2021 年苏伊士运河收入为 63 亿美元。2021 年 3 月 23 日发生的"长赐号"油轮搁浅事件，导致苏伊士运河堵塞，由此造成的损失约为每小时 4 亿美元。

金字塔

　　位于开罗西郊的吉萨金字塔群深深地吸引着来自世界各地的游客。其中，以古王国第四王朝法老胡夫的金字塔最大，它线条硬朗，身姿雄伟。

胡夫金字塔有一些神奇的特征，令人称奇叫绝。第一，金字塔内部温度恒定，无论外面温度如何变化，塔内部的温度始终在 20℃ 左右。这是什么原因呢？原来，厚重的石材，如同冰箱的厚实外壁，起到了隔热和保温作用。再者，倾斜的塔面和锐利的棱角能将来自沙漠的热风迅速分散开。另外，塔内的地宫深入地下数米，温度稳定。除此之外，金字塔还设计有气流通道呢！

　　第二，胡夫金字塔底部四边非常标准。每边长约 230 米，四边长度相差不到 20 厘米，误差率不到千分之一；四边几乎正对着东南西北四个方向，角度偏差不超过 1°，要知道这可是在当时的技术水平下做到的！

▽ 吉萨金字塔群。吉萨金字塔群中最大、最高、最古老的是胡夫金字塔，它约建于公元前 2570 年。胡夫金字塔原高 146.5 米，曾是世界上最高的人造建筑。

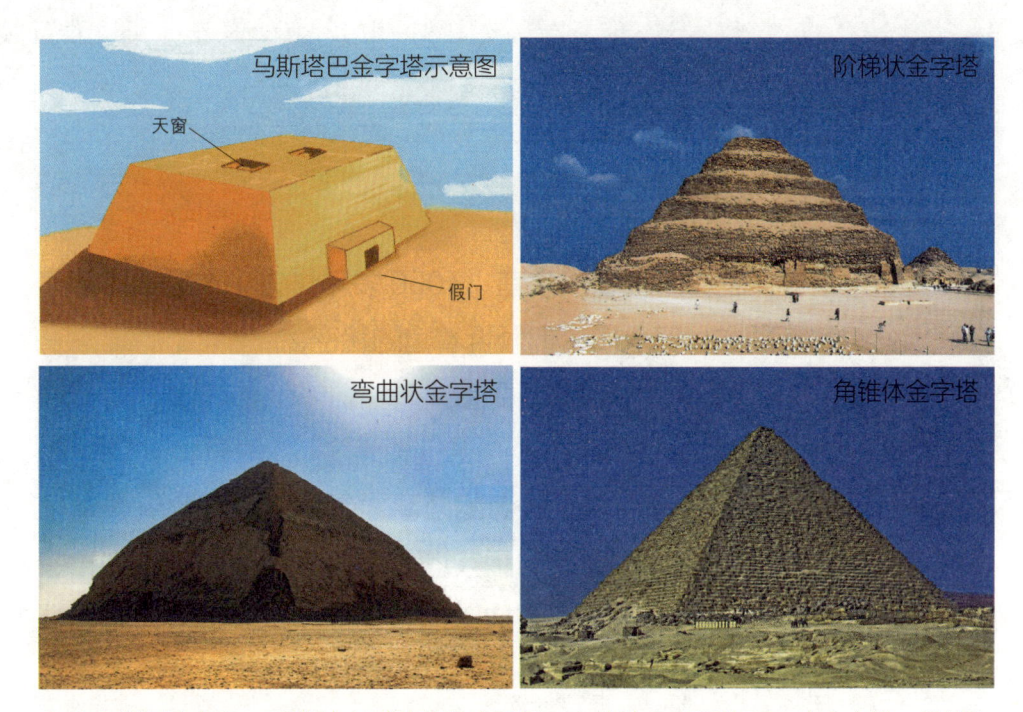

△ 金字塔形态各异，历代法老对陵墓极度重视，有的法老甚至修了三座金字塔，攀比和精益求精促进了金字塔的演化。图为马斯塔巴金字塔到阶梯状金字塔、弯曲状金字塔，再到角锥体金字塔演化示意图。

　　金字塔存世时间悠久。目前，在埃及已发现大大小小的金字塔约110座。它们能留存下来，确实不易，这与当地干旱的气候、坚固的石材和独具匠心的工艺分不开，金字塔如金子般闪耀着古埃及人民智慧的光芒！

　　近年来，参观金字塔的游客大量增加，对金字塔造成了一定的损害。为了更好地保护金字塔这一世界珍贵文物，埃及政府也在积极采取措施，如加装除湿器、控制游客数量等。

专题2
金字塔的未解之谜

金字塔被誉为世界八大奇迹之首。4000多年过去了，金字塔依然在尼罗河畔默默矗立，似乎向人们倾诉着它的秘密。

修建目的之谜

一般认为，金字塔是古埃及法老的陵墓，硕大无比的建筑体现了最高统治者对永生的向往。而有的金字塔却没有木乃伊或墓志铭，金字塔前屹立的石雕巨人，也都没有披坚执锐，所以有人猜想，建造金字塔的目的是祈盼人类和平。

金字塔内部有通向外界的通道，以前人们认为是通风口。天文学家注意到，这些通道非常精确地指向天上的某些星体，如北极星等。人们还发现吉萨金字塔群与天上的猎户星座对应，这样看来，金字塔似乎又是为观测星象而建。

建筑石材之谜

胡夫金字塔由近230万块重1.5～50吨的巨石组成，石块之间几乎严丝合缝。曾有人推测，在当时的条件下，仅仅采掘这些巨石可能就要700年。直到2000年，这一谜团才得以破解，法国化学家戴维·杜维斯在一块石材内部发现了气泡和人的头发，而且还发现石材中夹有与采石场不同的矿物质。由此，他认为建造金字塔的石材不是天然的，而是由人工先建造木模，然后将粉碎的石灰石和某种矿物质黏合浇筑而成，类似于现在的混凝土凝固成岩。

▲ 狮身人面像和哈夫拉金字塔

⊕ 石材运输之谜

　　石材由采石场运送到建筑工地，需要水运和陆运两种方式交替使用。水运作为人类古老的运输方式，运量大且省力。可一旦到了陆地，巨石的运输就成了问题，传统木车是难堪重负的，所以人们推测古埃及人是将树木作为滚轴来转运巨石的。但是新的问题又来了。第一，埃及尼罗河流域树木较少，最多的树种是棕榈树，它在当地发挥着食用和遮阳功能；第二，棕榈树木质松软，难以充当滚木；第三，没有证据表明古埃及人利用船只从境外运输木材。

北非

△ 金字塔石材运输假想图

即使石材运送到位，可又如何将石材抬升到一百多米的塔顶呢？对这一点的假设，人们众说纷纭，有"外星人说""杠杆滑轮说""台阶肩挑说""填沙说"和"填盐说"等等，其中所谓的"填沙说"是指沿着塔基填沙，沙围随着塔基升高，充当脚手架，塔成之后，清除沙子。种种假说，细想都有漏洞。

◎ 照明工具之谜

金字塔内部结构神奇复杂，保存了大量雕刻、绘画作品。在曲折的甬道和黑暗的内室，充足的光源是完成这些精致作品的必要条件。假设当时人们使用火炬或油灯，就必然会留下一些用火的痕迹，而且有缺氧的危险。可是，科学家对塔内积存了数千年的灰尘进行检测分析，结果没有任何烟油的微粒，也就是说没有发现一丝使用火炬或油灯的线索。

于是，人们猜测，古埃及艺术家们在金字塔地下暗室和甬道雕绘时，很可能使用了某种能够发光的电气装置。

由于时代久远，埃及文明也几度中断，金字塔给我们留下了诸多谜团。我们需要用科学的武器，勇于探索，或许有一天打开金字塔之谜的钥匙，就在你我手里！

△ 幽暗金字塔内的壁画。它展现了古埃及人们的生活场景和精神世界。

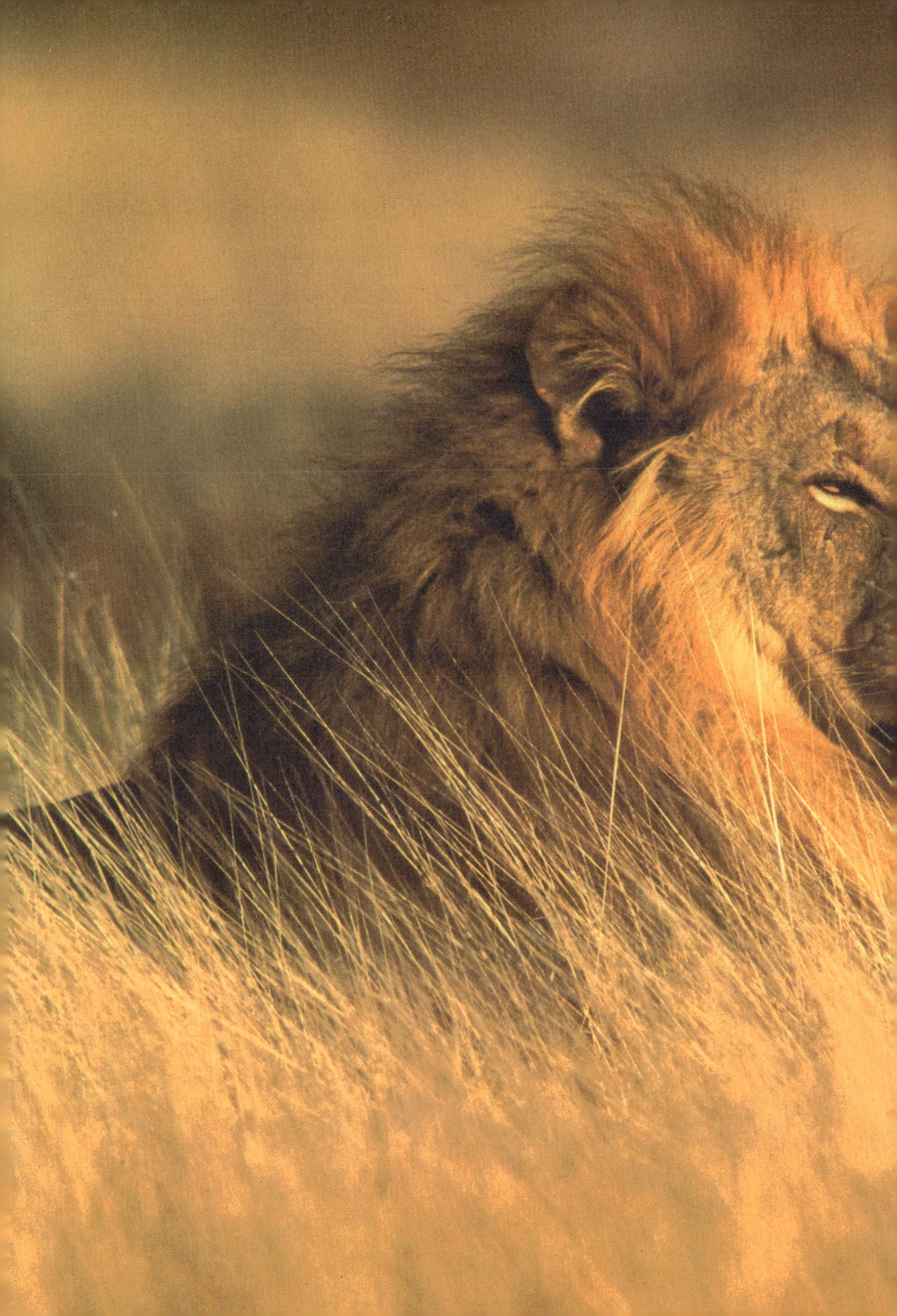

撒哈拉以南非洲

17 东非高原：赤道观景台

赤道，让你靠近太阳；
高原，赋你万种风姿。

⊕ 稀树草原

你注意到了吗？地球赤道附近多为繁茂的热带雨林，如亚马孙热带雨林、刚果盆地热带雨林等，因此它们被形象地称为"地球的

△ 热带稀树草原。这里是草的海洋，稀稀拉拉的伞状树就像漂浮在海洋中的小岛。

绿色腰带"。但有一处例外，那就是东非高原，那里是一片热带稀树草原。

东非高原随着海拔的上升，气温逐渐下降，降水也有所减少。这里一年分为明显的干湿两季，树木很少，草类茂盛。

赤道雪山

明晃晃的太阳是赤道地区给人们的第一印象。但是，你知道吗？

▽ 乞力马扎罗山最高峰——基博峰，海拔5895米。其山顶耸入云端，冰雪如同晶莹幕布，投射出万千气象。

赤道地区还可以有白雪皑皑的高山，这其中最出名的当属乞力马扎罗山。

乞力马扎罗山位于赤道以南 300 千米处。人们在 200 千米之外就能看到它的"雪冠"在阳光照射下闪闪发光。其顶部升腾的烟雾，如梦似幻，更为这位高冷的"气质女王"再添一层神秘的面纱。含硫的烟雾是岩浆的杰出作品，也揭示了乞力马扎罗山的火山特质——这是一座休眠火山。

那赤道雪山究竟是怎么形成的呢？本来，赤道地区温度不低，乞力马扎罗山山麓年平均气温也有 28℃，极端高温可达 59℃。可是它身材高挑，从山麓到山顶跨度非常大，随着海拔的升高，气温逐渐下降，到山顶时气温降为 -30℃，甚至更低。因此，这里出现赤道雪山的奇景，也就不足为奇了！

乞力马扎罗山的植被类型非常丰富，恰似穿了一条深绿、浅绿、黄绿等渐变色的长裙。自山麓到山顶几千米的高度可以看到不同的景观。

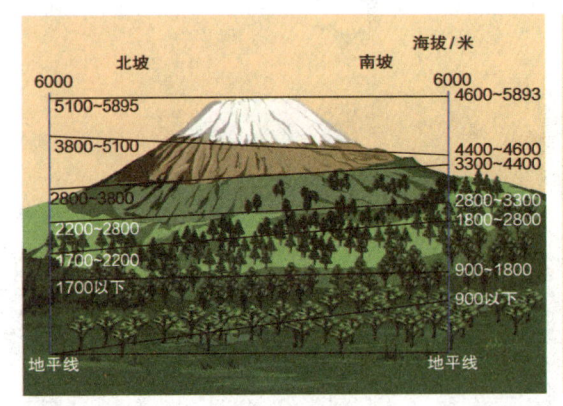

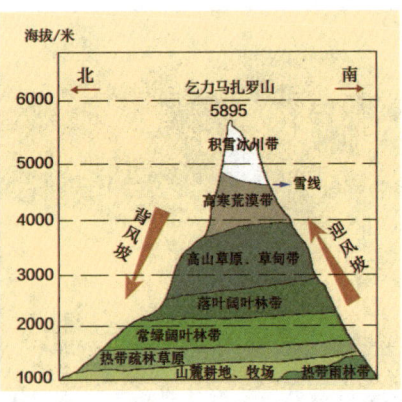

▲ 乞力马扎罗山垂直地带性明显，从山麓到山顶分布着不同类型的植被，是地理学家进行研究的理想之地。

环游世界：欧洲和非洲

但如今，乞力马扎罗山的"白玉之冕"有被摘掉的风险。由于全球变暖，山上的冰川在过去的 80 年间消退了 80% 以上。有人预测，赤道雪山的自然奇观将在 10 年内彻底消失，几百万人将失去稳定的水源。

⊕ 动物大迁徙

辽阔的东非大草原是草食动物的天堂。每年，南、北半球热带草原的雨季刚好错开，草木此枯彼荣，所以草食动物每年 5 月和 10 月就要启程奔往水草丰茂的地区。其中位于坦桑尼亚和肯尼亚边境附近的塞伦盖蒂国家公园和马赛马拉国家公园被冠名"动物星球"。

长颈鹿、斑马、角马等组成的迁徙大军，每日进食大量的青草，但同时也给草原留下含有大量草籽的肥料。3000 多千米的旅程，看似所到之处荡平一切，却可预见来年的芳草更加鲜美。

辽阔草原也是肉食动物的天堂。对于肉食动物来说，进行大迁徙的草食动物就是行走的鲜肉，膻味刺激着它们的嗅觉和味蕾。于是，一场来自水陆空的动物的血腥杀戮正式上演，每一种动物都奋力展示着自己的生存绝技。

紧接着，斑鬣狗、秃鹫分别从地面和空中赶来，它们拥有超强的撕咬和消化能力，腐烂的食物就是它们开胃的小菜，这些"清道夫"会把"战场"打扫得干干净净。

除了草原，东非高原还有非洲最大的湖泊群，如非洲最大的湖泊——维多利亚湖、非洲最深的湖泊——坦噶尼喀湖。大量的湖泊孕育着多样的鱼虾和水藻，吸引了不少鸟类到这里歇脚觅食，这些湖泊无疑是候鸟大迁徙的快乐驿站。

△ 远看万马千军，近听万鼓齐鸣。这是一场 200 多万只动物共同参加的史诗般的大迁徙！

撒哈拉以南非洲

◀ 马拉河"生死之渡"在整个大迁徙过程中最为壮观和惊心动魄。

◀ 险象环生,每一秒都关乎生死。新生的角马几分钟之内就学会站立和奔跑了。

△ 湖光鸟影，交相辉映，霞红一片。处于火山带的盐碱湖纳库鲁湖，面积为188平方千米，这里有200多万只火烈鸟，占世界火烈鸟总数的1/3，被誉为"观鸟天堂"。

18 南非：彩虹之国

天空，纯净而常见彩虹；
大地，博大而各显不同；
在这多肤色的国家，
因为包容而绽放着彩虹般的笑容！

◎ 美丽海岸线

南非位于非洲大陆的最南端，陆地面积约 122 万平方千米。

南非南部有一条长 600 千米的滨海公路，该公路从开普敦一直向东延伸至伊丽莎白港，被誉为南非的"花园大道"。在这里，你可以欣赏蓝天碧海，邂逅呆萌企鹅和运动健儿鸵鸟，还可以参观风格多样

◀ 厄加勒斯角波涛汹涌，景色壮美。碑文上写着"这里是非洲大陆的最南端，大西洋、印度洋的分界线"。

100　环游世界：欧洲和非洲

▶ 南非博得斯海滩踏浪的企鹅

的农庄、渔村、葡萄园和酿酒厂。

从厄加勒斯角西行约140千米，就到了海角之城——开普敦。这里是欧洲殖民者最早登陆南非的地点，也是非洲第一座现代化城市，被称为南非的"母亲城"。

开普敦依偎于福尔斯湾，该城三百余年来数次易主，历经荷、英、德、法等国的殖民统治。城内充满多元的欧洲文化色彩，有葡萄酒博物馆、巴洛克风格的市政厅大楼、洁白的国会大厦等。

从开普敦市往南40多千米，就是非洲有名的好望角。好望角，原名风暴角，1487年8月，葡萄牙航海家迪亚士在探寻去往东方航线的途中，在此遇到了狂风巨浪，经历九死一生，便给这个岬角取名"风暴角"。迪亚士回国后向国王汇报了经过"风暴角"的情况，葡萄牙国王若昂二世将其易名为"好望角"，意为绕过这个海角就可以到达梦寐以求的富庶的东方。

1652年，荷兰人从葡萄牙人的手中夺取了好望角，在此建港口、筑城池，为过往的船队提供食物和船舶检修服务。在苏伊士运河开通之前的三百多年，好望角成为欧洲人前往东方的必经之路。如今，每

⌃ 好望角。这里是世界上最危险的航海地段之一，冬季的西风可掀起15～20米的"杀人浪"。

⌃ 开普敦为南非立法首都。图为英国维多利亚女王时期的国会大厦。

环游世界：欧洲和非洲

年仍有数万艘巨轮取道好望角。

⊕ 富饶内陆间

从开普敦往东北内陆驶去，可经过钻石之都——金伯利，司法首都——布隆方丹，南非最大的城市——约翰内斯堡，行政首都——比勒陀利亚等城市。

金伯利是世界著名的钻石原产地，被誉为"钻石之都"。19世纪70年代无数人蜂拥来此采集钻石，掀起整个南非钻石开采的热潮。如今，在市区露天金刚石博物馆内，依然可以看到巨大的金刚石废坑，加上采矿隧道它有1000多米深呢！

△ 金伯利矿山博物馆中的矿坑，该矿坑共开采出2.722吨钻石，现多数矿洞都已用土回填。

布隆方丹是南非的司法首都。该城市处于群山环抱之中，风景如画，被称为"万花之源"。

约翰内斯堡，南非最大的城市。这是一座因黄金而发展起来的大都市，被人们称为"黄金之城"。城市周围240千米范围内集中着

撒哈拉以南非洲　　103

◀ 图为约翰内斯堡。其经济以工矿业为主。

60多座金矿。相传，1886年，一位名叫乔治·哈里森的人在农场散步，被一块露出地面的金块绊倒。消息传出后，各国淘金者接踵而至。此地迅速发展为城市，成为人口聚居地。现在约翰内斯堡是非洲拥有百万富翁人数最多的城市。

▲ 比勒陀利亚总统府前的曼德拉铜像

从约翰内斯堡向北50多千米，就到了南非的行政首都比勒陀利亚。比勒陀利亚是南非政府机关所在地，总统府位于这座城市内，各国使馆亦集中于此城的使馆街。市区跨阿皮斯河两岸，由12座桥梁连接。市内种满了多种奇花异草，一种叫蓝花楹的植物在城市随处可见。人们抬头能看到蓝花楹搭成的林荫道，低头能看到蓝紫色的花路，这座城市不负"花园城"的美誉。

南非又被称为"彩虹之国"，因为这里的种族隔离正逐渐被消除，不同肤色的人们在这里和谐相处。